Elegant durch den BUSINESS-DSCHUNGEL

Geniale (Über-)Lebensstrategien für Powerfrauen

D1718991

Jane Hight McMurry

Die Originalausgabe erschien unter dem Titel
Navigating the Lipstick Jungle
ISBN 0970304186

Copyright © 2012 by Jane Hight McMurry

Copyright der deutschen Ausgabe 2013:
© Börsenmedien AG, Kulmbach

Übersetzung: Christina Jacobs
Gestaltung Cover: Johanna Wack, Börsenmedien AG
Gestaltung, Satz und Herstellung: Martina Köhler, Börsenmedien AG
Lektorat: Hildegard Brendel
Druck: CPI – Ebner & Spiegel, Ulm

ISBN 978-3-86470-094-1

Bibliografische Information der Deutschen Nationalbibliothek:
Die Deutsche Nationalbibliothek verzeichnet diese Publikation in der
Deutschen Nationalbibliografie; detaillierte bibliografische Daten
sind im Internet über <http://dnb.d-nb.de> abrufbar.

Postfach 1449 • 95305 Kulmbach
Tel: +49 9221 9051-0 • Fax: +49 9221 9051-4444
E-Mail: buecher@boersenmedien.de
www.books4success.de
http://www.facebook.com/books4success

*In Dankbarkeit und zum Gedenken an meine Mutter,
Joan Williams Hight*

Für meine Töchter Winifred Joan und Allison Louise

*Und für alle Frauen, die mehr wissen wollen als das,
was sie in der Ausbildung lernen, und sich Fähigkeiten aneignen möchten, um aus dem Schatten
der männlichen Konkurrenz heraustreten zu können
und das zu bekommen, was sie wollen,
brauchen und verdienen.*

KAPITEL EINS

Durch
DEN DSCHUNGEL
MIT KÖPFCHEN:
So bekommen Sie im Dschungel das, was Sie wollen

„Wohin gehst du?", fragte die Grinse-Katze. „Ich weiß nicht", antwortete Alice. „Dann wird dich jeder Weg dorthin führen", erwiderte die Katze fauchend.

– Alice im Wunderland

Liebe Damen,

die Welt des Business ist ein Dschungel. Wer in dieser Welt über-leben und sich die angepeilte Beute schnappen will, muss wissen, was zu tun ist, um das gewünschte Resultat zu erreichen. Überlegen Sie Folgendes: Wenn Sie im dichtesten Dschungel Afrikas auf Safari gehen wollten, würden Sie dann einfach in ein Flugzeug einsteigen und losfliegen, ohne sich vorher Gedanken darüber zu machen, auf was für eine Safari Sie gehen – auf welche Tiere Sie dort treffen, wie deren Lebensräume sind und welche Ausrüstung Sie bereithalten sollten? Wenn Sie die Sache nicht klug angehen und keinen guten Führer dabeihaben, werden Sie bei lebendigem Leibe gefressen werden.

Dass der Traumprinz Aschenputtel Sicherheit bietet, geschieht nur im Märchen. In der realen Welt müssen Sie Ihr Geschick selbst in die Hand nehmen, um bis an Ihr Lebensende glücklich zu sein. Es ist töricht zuzulassen, dass frau sich finanziell von irgendjemandem abhängig macht. Dreifünftel aller in Armut lebenden Menschen in den USA sind Frauen. Durch eine Scheidung, den Tod des Ehepartners oder weil sie ledig geblieben sind, ist die Mehrheit der amerikanischen Frauen an irgendeinem Punkt in ihrem Leben finanziell komplett auf sich allein gestellt. Achtzig Prozent der Frauen sind partnerlos, wenn sie sterben. Achtzig Prozent der Männer sind bei ihrem Ableben verheiratet.

Frauen, die nichts zu melden haben, geben häufig ihrem Geschlecht oder den Umständen Schuld an ihrer Machtlosigkeit. Sie sind für Ihr Schicksal selbst verantwortlich. Weder das Geschlecht noch die Umstände können eine Frau zurückhalten, wenn sie weiß, welche Schritte nötig sind, um auf eine Situation zu treffen oder sich eine solche zu schaffen, die sie zum gewünschten Erfolg führt.

Drei entscheidende Schritte sind nötig, um im Dschungel erfolgreich zu sein. Zunächst müssen Sie klare und prägnante Ziele für sich definieren. Um dies tun zu können, müssen Sie zwei Dinge wissen. Stellen Sie sich die folgenden zwei Fragen und geben Sie ehrliche Antworten. Wo stehen Sie? Wohin wollen Sie? Machen Sie eine persönliche Bestandsaufnahme, auf welchem derzeitigen Stand Sie sich befinden, was Ihre Fähigkeiten, Ihre Erfahrungen, Ihren Hintergrund und Ihre Ausbildung anbelangt. Bevor Sie sich auf die Reise begeben, müssen Sie sich zu 100 Prozent darüber im Klaren sein, wie das gewünschte Ergebnis aussehen soll. Ihr Ziel ist es, Ihre Reiseroute von Ihrem momentanen Aufenthaltsort zu Ihrem Wunschzielort festzulegen. Wenn Sie sich darüber im Klaren sind, wo Sie sich derzeit befinden, und auch genau wissen, wo Sie hinwollen, wird Ihnen das bewusst und unterbewusst den Anstoß dazu geben, die Schritte zu unternehmen, die zum Erreichen Ihrer Ziele nötig sind. Denken Sie über Ihre Antworten nach. Legen Sie Ihre Reiseroute fest. Schreiben sie Ihren Plan auf. Brechen Sie nicht in den Dschungel auf, ohne sich einen Augenblick Zeit zu nehmen und in 25 oder weniger Worten aufzuschreiben, wohin Sie wollen. Machen Sie eindeutige Angaben. Fassen Sie sich kurz. Seien Sie genau. Eine schlichte Klarheit hat eine unglaubliche Wirkung. Dieser Akt des Aufschreibens, wohin Sie wollen, sendet eine Botschaft an Ihr Unterbewusstsein, die es darauf vorbereitet, den Weg zu ergründen, den Sie nehmen sollten, um Ihr Ziel zu erreichen.

Damit Sie das bekommen, was Sie wollen, brauchen und verdienen, müssen Sie Ihr Schicksal komplett selbst in die Hand nehmen. Haben Sie erst einen Lebensplan darüber aufgestellt, wohin Sie wollen, können Sie bestimmen, welche Schritte Sie ans Ziel führen. Es werden Hindernisse auftauchen, die Sie aus der Bahn werfen werden, wenn Sie kein festes Ziel mit einem klar definierten Plan haben.

Horchen Sie in sich hinein. Stimmen Sie sich auf die Menschen ein, denen Sie trauen. Blenden Sie alle anderen aus. Hören Sie das Lied in Ihrem Herzen und lauschen Sie seinem Rhythmus. Hören Sie sich Ihr Lied an und tanzen Sie Ihren eigenen Tanz. Andere Menschen haben ihre eigenen Melodien und ihre eigenen Tänze. Tanzen Sie zu **Ihrem** Lied.

Dieses Buch soll Ihnen Fähigkeiten an die Hand geben, die über das in der Ausbildung erworbene Wissen und Ihre sonstigen Fähigkeiten hinausreichen und mit denen Sie *geniale (Über-)Lebensstrategien für Powerfrauen* entwickeln können, um sich im Business-Dschungel und im Leben zu behaupten und dabei trotzdem Sie selbst zu bleiben. Wenn Sie sich über die Themen Gedanken machen, die Ihr (Über-)Leben als Frau im Business-Dschungel betreffen, dann ist dies das richtige Buch für Sie. Schnappen Sie sich Ihren Lippenstift und begeben Sie sich auf Safari!

Anlegen, Zielen, AUF SIE MIT GEBRÜLL!

Eine unwissende Frau ist wie eine Stange Dynamit; sie trägt die Kraft in sich, aber es passiert erst etwas, wenn ihre Lunte angezündet wird.

– Jane Hight McMurry

KAPITEL ZWEI

Born TO BE WILD

Ich bin eine Frau, mein Brüllen ist höflich, aber gewaltig

Ich bin zäh, ehrgeizig, und ich weiß genau, was ich will.

– Madonna

Wir werden wild geboren. Wenn wir auf die Welt kommen, können wir nicht laufen, nicht sprechen und auch nicht nach Nahrung suchen. Bei unserer Geburt sind wir unzivilisiert. Wir weinen, um zu bekommen, was wir haben wollen. Aber auf der Vorstandsetage ist Weinen nicht vorgesehen. Für Geschäftsleute sind sensible Frauen leichte Beute. Als Frauen müssen wir brüllen, um unseren Kopf durchzusetzen. In diesem Buch geht es darum, dass wir höflich aber gewaltig und dabei auf positive Art brüllen müssen, um als Frau das zu bekommen, was wir wollen.

Laut US-amerikanischer Statistikbehörde (U.S. Census Bureau) verdienen Frauen noch immer nur 0,78 Dollar für jeden Dollar, den ein Mann verdient, und weniger als drei Prozent aller Fortune-1000-CEOs sind Frauen. Es bleibt eine Tatsache, dass Frauen am Arbeitsplatz in der Art, wie sie beurteilt, belohnt und bestraft werden, anders behandelt werden als Männer, und das trotz höherer Bildungsgrade, hoher Qualifikationen und Gesetzen, die die Gleichberechtigung und Chancengleichheit sichern sollen. Dieses Buch gibt eine Antwort auf die Frage: „Was brauchen Frauen, die über eine gleichwertige Ausbildung und Fachkompetenz verfügen und denen eine Rechtsgleichheit garantiert wird, zusätzlich, um zu bekommen, was sie wollen?"

Einflussreiche Frauen müssen anders brüllen als Männer, wenn sie den Gipfel des Karriereberges erklimmen wollen. Männer werden normalerweise darauf getrimmt, gegeneinander zu konkurrieren, Frauen nicht. Tatsächlich werden Frauen, die sich ein rivalisierendes Verhalten aneignen, häufig als herrschsüchtig und schwierig abgestempelt. Ein Mann, der tut, was er tun muss, um zu kriegen, was er haben will, wird respektvoll als „einflussreicher Mann" bezeichnet, während eine Frau, die das Gleiche tut wie der „einflussreiche Mann", von denselben Leuten „Bitch", zu Deutsch „Miststück", genannt wird.

Unsichere Menschen haben ein persönliches Interesse, auf gebildeten und kompetenten Frauen herumzutrampeln, die sie am Arbeitsplatz als Konkurrenz wahrnehmen. Frauen brauchen Wissen, um die schmale Gratwanderung zwischen zügigem Vorankommen und Auf-der-Stelle-Bleiben zu bewältigen. Eine „Lippenstift-Löwin" ist einflussreich und höflich und auch eine Bitch, aber eine, die sich komplett unter Kontrolle hat = „**B**abe **I**n **T**otal **C**ontrol of **H**erself".

Einer der ersten Dschungel, in die ich ging, lag weit entfernt vom freundlichen Haus meiner Eltern. Ich hatte mir damals das Ziel gesetzt, einen Abschluss in Englischer Literatur und Theaterwissenschaften zu erwerben. Im Rahmen dieser Expedition hatte ich die Möglichkeit, Shakespeare an der Oxford University zu studieren. Bevor ich nach England abreiste, ging meine Mutter mit mir die Dinge einkaufen, die ich in Oxford brauchen würde. Darunter solche Dinge wie Kleidung, Bücher und einen rosa Lippenstift. Ich kann mich noch genau daran erinnern, wie sie mit mir zu The Intimate Bookshop in Chapel Hill, North Carolina, ging, wo wir nicht nur die Werke Shakespeares kauften, die ich in Oxford lesen würde, sondern auch Cliff Notes (Werkskommentare), die mir bei meinen Studien helfen sollten. Sie können sich vorstellen, wie überrascht ich war, als meine Mutter, kurz bevor ich ins Flugzeug stieg, mit dem Finger auf mich zeigte und sagte: „Du wirst durch den Kurs durchfallen. In England gibt es mehr zu lernen als das, was in den Büchern steht." Sie hatte recht!

Die Leute in Oxford kamen aus der ganzen Welt und sie hatten andere Sitten und Gepflogenheiten als die, die ich als Kind in einer Kleinstadt im Süden der USA gelernt hatte. Mein Professor in Oxford und meine Kommilitonen beäugten mich neugierig, als sie im Studierzimmer meinen Südstaatenakzent hörten und mich im Speisesaal dabei beobachteten, wie ich Messer und Gabel hielt. Seit ich ein Kind war, hatte meine Mutter mich gründlich mit Sitten und Höflichkeitsformen vertraut gemacht, daher war ich überrascht, dass mein Verhalten von anderen nicht so positiv aufgenommen wurde. Das stand meinem Erfolg im Wege. Ich rief zu Hause an. Meine Mutter lachte und sagte: „Geh, kauf dir ein Buch über ihre Gebräuche."

Ich ging vom Oxforder College St. Benet's Hall die Straße hinunter zu Blackwell's Bookshop, wo ich ein kleines, in Gelb und Schwarz gehaltenes Buch über Sitten in Großbritannien kaufte. Das war das erste Mal, dass ich überhaupt darüber nachgedacht hatte, mir andere Gepflogenheiten anzueignen, um eher meine Ziele zu erreichen. Ich fiel nicht durch den Kurs durch, zu dessen Studium ich nach Oxford gekommen war, aber es stimmt: Ich brauchte mehr als den Lippenstift und die mitgebrachten Bücher, um im Dschungel von Oxford zu überleben und Erfolg zu haben!

Wenn frau einen Lippenstift in der angesagten Farbe in den Business-Dschungel mitnimmt, ist das ein nettes Extra, doch um in der Geschäftswelt erfolgreich zu sein, braucht es mehr als eine hübsche Lippenstiftfarbe. Genauso wie Sie viele Produkte in Ihrem Schminkkoffer haben, brauchen Sie in mehrfacher Hinsicht soziale Kompetenz, um glänzen zu können. Anstatt sich hinter einer farbigen Maske zu verstecken, benötigen Sie Fähigkeiten, mit denen Sie all Ihre Vorzüge vorführen können. Ich spreche hier nicht von Ihrem Po! Sie müssen sich selbst kennen und sich mit den Fähigkeiten wappnen, die Sie brauchen, um zu überleben und erfolgreich zu sein.

Ihr Geschäftsleben ist ein Selbstfindungstrip. Wenn Sie eine erfolgreiche Geschäftsfrau werden wollen, nehmen Sie sich einen Augenblick Zeit, um Ihren Ausbildungsstand, Ihre Fachkompetenzen und Ihr Können im Bereich Business-Kommunikation einzuschätzen. Verfügen Sie über das Wissen und die Fähigkeiten, die erforderlich sind, um in Ihr Wunschgebiet einzusteigen? Können Sie exakt wiedergeben, wer Sie sind und wo Ihre Fähigkeiten liegen?

Laut einer Umfrage des Magazins *Fortune* sind 77 Prozent der Erfolgsfrauen der Ansicht, dass Frauen, wenn sie sich um denselben Job bewerben wie ein Mann, mehr Erfahrung oder höhere Abschlüsse vorweisen müssen als die Männer. Dreiundvierzig Prozent der Männer, die an der Umfrage teilnahmen, stimmten dem zu. Auf die Frage, ob Frauen insgesamt mit dem Stand zufrieden wären, den sie bei der Arbeit haben, antworteten 61 Prozent der Männer, dass dem so sei, während nur 44 Prozent der Frauen dieser Meinung waren.

Wenn Sie nicht die nötigen Fähigkeiten haben, *erwerben Sie sie.* Wissen ist Macht. Auf Ihrem Lebensweg werden Sie vielleicht Ihre Eltern, Ihren Freund, Ihren Ehemann, Ihre Freunde, Ihr Heim, Ihr Auto oder Ihren Job verlieren. Aber wenn Sie über Bildung verfügen, kann Ihnen diese niemand je wieder nehmen, egal, was passiert. Bei vielen Stellen werden formale Abschlüsse verlangt. Es spielt keine Rolle, wie viel Erfahrung Sie mitbringen: Viele Türen werden Ihnen verschlossen bleiben, wenn Sie die geforderte formale Ausbildung nicht haben. Sorgen Sie dafür, dass Sie den Schlüssel haben, wenn Sie vor der Tür der Möglichkeiten stehen. Machen Sie, nachdem Sie Ihren formalen Abschluss erworben haben, mit dem Lernen weiter. Das Stück Haut vom toten Schaf, das Ihnen bei der Abschlusszeremonie überreicht wurde, wird Ihren Geist nicht für immer lebendig halten. Lesen Sie alles, was Sie in die Finger bekommen können. Einflussreiche Frauen wissen, dass Wissen Macht ist. Der Glücksfall tritt ein, wenn Vorbereitung und Gelegenheit aufeinandertreffen. Seien Sie vorbereitet auf die Gelegenheiten, die auf Sie warten, indem Sie sich so viel Bildung und so viele Fähigkeiten aneignen wie möglich, damit Sie darauf vorbereitet sind, den heranpreschenden Bock bei den Hörnern zu packen.

Bildung ist ein wesentlicher Teil, aber nicht alles. Wenn Sie über das Wissen verfügen, liegt es an Ihnen, zu übermitteln, dass Sie kompetent und für den Job geeignet sind. Es liegt zu 100 Prozent an Ihnen, Ihre Botschaft rüberzubringen, aber das Beste, was Sie je beitragen können, sind Ihre 50 Prozent zu jeder sich ergebenden Gelegenheit, Ihre Botschaft zu übermitteln. Was ich damit sagen will, ist, dass Kommunikation in zwei Richtungen abläuft. Man braucht dafür einen Sender (Sie) und einen Empfänger.

Kommunikation beginnt bereits, bevor Sie ankommen, und geht weiter, nachdem Sie wieder weg sind. Denken Sie an das Buch, das

Sie gerade in den Händen halten. Was hat Sie zu dem Entschluss gebracht, es zu lesen? Wahrscheinlich haben Sie mitbekommen, wie jemand über das Buch oder mich gesprochen hat, oder haben über das Buch oder mich etwas gelesen. Die meisten Menschen gehen in einen Buchladen, um ein bestimmtes Buch zu kaufen – sie gehen selten in einen Buchladen, um ein Buch zu kaufen, das sie nicht kennen, geschrieben von einem Autor, den sie nicht kennen. Tun sie es aber doch, liegt das wahrscheinlich an seinem Cover. Oft suchen die Leute sich auf die gleiche Art aus, mit wem sie Geschäfte machen, wie sie die Auswahl der Bücher vornehmen, die sie lesen. Zunächst erhalten sie eine Vorinformation, und wenn diese positiv ist, nehmen sie sich die Zeit, mehr über ihre potenziellen Geschäftspartner zu erfahren, um entscheiden zu können, ob sie ihre Produkte kaufen oder Geschäfte mit ihnen machen. Ein Lebenslauf, ein Empfehlungsschreiben, ein Anruf – haben alle eine ähnliche Funktion wie eine Buchbesprechung.

Findet zum ersten Mal eine Begegnung statt, ist es so, wie wenn man sich ein Buch zum ersten Mal ansieht. Das Cover ist wichtig. Buchkäufer sehen sich das Cover nur drei bis fünf Sekunden lang an. Es ist das Cover, das einem zunächst ins Auge sticht. Wenn Käufern gefällt, was sie sehen, drehen sie das Buch um und lesen zehn bis 15 Sekunden lang, was auf der Buchrückseite steht. Nur wenn ihnen gefällt, was sie sehen und lesen, blättern sie durch die Seiten, sehen sich die Kapitelüberschriften an, prüfen, ob das Buch klar gegliedert und lesbar ist (dazu gehört auch die Schriftgröße), und werfen einen Blick auf das Inhaltsverzeichnis. Wenn der potenzielle Käufer nach einer oberflächlichen Inspektion feststellt, dass der Autor etwas von Wert zu bieten hat und es schafft, sein Interesse als Leser wachzuhalten, wird er das Buch kaufen. Ob es Ihnen gefällt oder nicht, diese Vorgehensweise findet sich häufig auch in der Geschäftswelt.

Die Leute treffen Kaufentscheidungen innerhalb von 60 Sekunden. Das ist beängstigend, aber genau das passiert. Was tun Sie, um Ihre Fähigkeiten zu verbessern, andere von vornherein davon zu überzeugen, dass Sie die Beste für den Job sind? Und wenn Sie anfangs erfolgreich sind, wissen Sie, wie Sie anderen versichern, dass Sie sich in dem Job, den man Ihnen anvertraut hat, entwickeln können? Es ist wichtig zu demonstrieren, dass Sie über die fachliche und die soziale Kompetenz verfügen, um Geschäftsaktivitäten zu erarbeiten, zu erhalten und auszubauen.

Vor zig Jahren gab es in den USA einen Werbespot der Firma Toni. Auf dem Bildschirm erschien ein junges Mädchen namens Jane, mit glatten Haaren und einer monotonen Stimme. Als Jane eine Toni-Dauerwelle bekommt, verwandelt sie sich sofort in ein vor Temperament nur so sprühendes junges Mädchen mit bezaubernden Locken. Ihr fröhlicher Kommentar: „Früher war ich eine unscheinbare graue Maus, aber heute bin ich schön!" Die Werbung überzeugte meine Mutter. Nachdem sie sie gesehen hatte, ging sie zur Drogerie um die Ecke und kaufte eine Packung Toni-Dauerwelle. Ich musste mich im Haus meiner Großmutter auf einen Hocker setzen, wo meine Mutter und meine geliebte Tante Marstee mein Haar um winzige rosa Stäbchen wickelten und es mit einer Lösung tränkten, die so furchtbar stank, wie man es sich kaum vorstellen kann. Sie roch stark nach Chemikalien. Ich musste mir ein Handtuch vors Gesicht halten, nicht nur, damit der Geruch mir nicht pur in die Nase kroch, sondern auch, damit mir die brennende chemische Lösung, die sie mit einem Schwamm über die dünnen rosa Stäbchen träufelten, nicht ins Gesicht und in die Augen lief.

Es war eine Zeit, in der Frauen oft aufs Aussehen bauten, um zu bekommen, was sie wollten – meistens ließen sie sich von einem Ehemann aushalten. Manche Frauen haben noch immer die Vorstellung, dass es das Beste und Einfachste ist, sich mit ihrem

Aussehen einen Mann zu angeln, um das zu bekommen, was sie wollen, brauchen und verdienen. Meine Leserinnen – die, die daran interessiert sind, das zu bekommen, was sie wollen, brauchen und verdienen – wissen, dass schönes Haar zwar Teil ihres „Covers" aber nur ein Instrument von vielen ist. Kluge Frauen bedienen sich vieler Instrumente und sie haben ganz genau verstanden, dass es mehr als Schönheit und eine schicke Frisur braucht, um einen Job zu bekommen, zu behalten und sich darin weiterzuentwickeln. „Ein Mann ist kein Finanzplan" lautet das Credo von Candace Bahr, qualifizierte Finanzberaterin und President von WIFE.org (Women's Institute for Financial Education), die Frauen beibringt, wie sie ihr Geld verwalten sollen. Sie sollten sich die Zeit nehmen zu lernen, wie Sie Ihre Finanzen managen. Auch wenn Sie heiraten, sollten Sie sich am Management der Finanzen beteiligen.

Als Jan Fields, CEO von McDonald's, von Brian Williams auf NBC News interviewt wurde, erzählte sie, dass sie ganz unten im Unternehmen angefangen und sich bis an die Spitze der Unternehmensleiter hochgearbeitet hätte. Sie konnte sich gut artikulieren und wirkte jeden Zentimeter des topmodischen Business-Rocks, den sie im Interview trug, wie ein Vollprofi. Das Magazin *Forbes* führt Fields in seiner Liste der 50 einflussreichsten Frauen der Welt auf. Es ist kein Zufall, dass sie während des NBC Nightly News Interviews einen topmodischen Business-Rock trug – einen knielangen schwarzen Strickrock, um genau zu sein. Googeln Sie sie im Internet. Sie sieht aus, als würde sie ihren Job beherrschen, und das ist auch so!

Es ist wichtig für den Erfolg, dass frau die richtigen Fähigkeiten beherrscht, aber auch die Verpackung und die Eigenwerbung müssen stimmen. Ein Experiment der *Washington Post* über die Wahrnehmung, den Geschmack und die Vorlieben der Menschen stützt diese Prämisse. Am 12. Januar 2007 spielte ein leger gekleideter

Violinist mit Baseballmütze in der DC Metro-Station am L'Enfant Plaza sechs Stücke von Bach. Das dauerte 43 Minuten und während dieser Zeit passierten mehr als 1.000 Personen die Metro-Station. Nach drei Minuten verlangsamte ein einzelner Mann mittleren Alters seine Schritte und blieb stehen. Nach vier Minuten legte eine Frau einen Dollar in den offenen Geigenkasten des Violinisten und ging weiter. Nach sechs Minuten kam ein junger Mann und hörte an eine Wand gelehnt einen Moment zu, bevor er weiterging. Nach zehn Minuten blieb ein drei Jahre alter Junge stehen, aber seine Mutter zog ihn weiter. Dasselbe spielte sich mit mehreren anderen Kindern ab, deren Eltern nicht zuließen, dass sie stehenblieben. Nach 43 Minuten waren nur sechs Personen stehengeblieben und hatten kurz zugehört. Zwanzig Personen hatten insgesamt 32,17 Dollar in die Mütze gelegt. Nach einer Stunde hörte der Musiker auf zu spielen. Niemand nahm Notiz davon. Niemand applaudierte. Der Musiker bekam keine Anerkennung.

Der Violinist war Joshua Bell, einer der größten Geigenvirtuosen unserer Zeit, der einige der schönsten und schwierigsten Stücke spielte, die je geschrieben wurden. Sein Instrument war eine der besten Violinen, die je gebaut wurden – eine Stradivari aus dem Jahr 1713, für die Bell 3,5 Millionen Dollar bezahlt hatte. Nur drei Abende zuvor hatte Joshua Bell vor einer ausverkauften Boston Symphony Hall gespielt, und das Publikum hatte im Schnitt 100 Dollar für die Konzertkarte bezahlt.

Überlegen Sie, wie extrem anders die Reaktion auf das kostenlose öffentliche Konzert gewesen wäre, wenn die Veranstaltung ordentlich verpackt und beworben worden wäre. Die Verpackung und Werbemaßnahmen im Vorfeld können für Ihre Karriere Chance oder Scheitern bedeuten. Sie können auf Ihrem Gebiet so talentiert sein wie Joshua Bell auf seinem, aber wenn Sie nicht auf die Verpackung achten und für Ihren Erfolg keine Eigenwerbung betreiben, werden

Sie wahrscheinlich nur ein Bruchteil von dem verdienen, was Sie wert sind. Es ist wichtig, dass Sie sich die Fähigkeiten aneignen, die Sie brauchen, aber Sie müssen auch für die Verpackung und die Eigenwerbung sorgen und anderen erzählen und sie daran erinnern, was Sie wollen, um das, was Sie wollen, auch zu bekommen. Ich beobachte bei mir zu Hause, wie meine Töchter die nötigen Instrumente einsetzen, um im Business-Dschungel ihre Ziele zu erreichen. Ob es ums Lernen in der Schule oder das Sich-Weiterbilden im Job geht, sie arbeiten hart und setzen die sozialen Kompetenzen ein, die sie erworben haben.

Ich werde Ihnen erläutern, was Sie tun müssen, um den Job Ihrer Träume zu ergattern, indem ich Ihnen die Geschichte erzähle, wie meine Tochter Win es schaffte, als Frau an ihren Traumjob heranzukommen und sich als Moderatorin und Redakteurin in der von Männern dominierten Welt der PGA-Tour-Golfturniere zu behaupten. Win besuchte die University of North Carolina in Chapel Hill, wo sie auf einen doppelten Abschluss in Kommunikationswissenschaften und Journalismus/PR-Arbeit hin studierte. In ihrem letzten Jahr nahm sie an einem Sportjournalismuskurs teil und fand ihn toll. Ihr Professor meinte, dass sie Talent hätte und eine Karriere im Bereich Sportberichterstattung und TV-Journalismus anstreben sollte. Was Win dabei im Weg stand, war die Tatsache, dass sie, um planmäßig mit dem Studium fertigzuwerden, innerhalb ihres Journalistikstudiums nicht mehr zum TV-Journalismus hätte wechseln können.

Nach dem Abschluss zog Win nach New York City. Derselbe Professor, der ihr so viel Mut gemacht hatte, gab dem Kurs in der letzten Semestersitzung einen Rat mit auf den Weg. Er sagte, sie sollten sich einen Plan zurechtlegen, ihn aufschreiben und beim Umzug für den neuen Job nur leichtes Gepäck mitnehmen. Win zog nach New York, mit einem Koffer, einem Laptop und einem Terminplaner, in den sie ihre Ziele und ihren Plan notiert hatte. Sie brachte

Erfahrung im PR-Bereich mit, aber nicht im Sportfernsehen, und da es das Wichtigste für sie war, eine Stelle zu finden und ins Berufsleben einzusteigen, weckte sie mit ihrem Lebenslauf zunächst das Interesse einer PR-Agentur in Manhattan. Sie hatte ein Vorstellungsgespräch und bekam die Stelle. Sie brachte die fachlichen Voraussetzungen mit, um sich für den Job zu qualifizieren, aber es war nicht der Job, den sie wollte. Sie benutzte ihre Fähigkeiten, um eine gute Ausgangsposition für eine andere Stelle zu haben. Abgesehen von einer guten Ausbildung hatte sie den starken Wunsch, erfolgreich zu sein, und stark ausgeprägte soziale Kompetenzen. Sie musste einen Weg finden, um im Sportfernsehen Fuß zu fassen. Eine Einstiegsmöglichkeit erhielt sie schließlich durch eine Unterhaltung mit einer Dame, die ebenfalls an der UNC studiert hatte und die sie auf einem Networking-Event in New York traf.

Win kam mit dieser UNC-Absolventin, die älter war als sie, ins Gespräch. Sie unterhielten sich darüber, was sie jeweils beruflich machten. Win verriet der Dame, dass sie gern im Sport-TV-Journalismus arbeiten würde. Die wiederum erzählte ihr daraufhin, dass sie einen Freund hätte, der bei CBS Sports arbeiten würde und vielleicht bereit wäre, mit ihr zu sprechen. Durch diese Universitätsverbindung erhielt sie Kontakt zum CBS-Sports-Mann. Win stellte diesem neuen Kontakt Fragen zu seiner Arbeit bei CBS Sports, wollte wissen, wie er zum Sender gekommen war, welchen Rat er ihr geben konnte und bat ihn um Unterstützung bei der Jobsuche. Sie bekundete ihr Interesse an einem Wochenendjob als Praktikantin, um Erfahrung zu sammeln. Wie es der Zufall wollte, wusste der neue Kontakt, dass CBS Sports nach freiberuflichen Mitarbeitern suchte, die an Wochenenden die Spielergebnisse auswerteten. Win wurde ein Job angeboten.

Mit einer Vollzeitstelle und dem Wochenendjob bei CBS Sports fing Win an, sich nach einer Möglichkeit umzusehen, wie sie eine

Vollzeitstelle bei CBS bekommen konnte. In den Studios von CBS Sports ist auch der lokale Sender WCBS-TV untergebracht. Win ging dorthin und stellte sich dem Sportchef vor. Sie erzählte ihm, dass sie gern bei Sportübertragungen mitarbeiten und mehr Erfahrung sammeln würde. Der Sender suchte gerade nach jemandem, der als Script Supervisor und Field Producer für die Morgensendung arbeiten würde, was bedeutete, dass sie sich ab 3:30 Uhr in der Früh bereithalten musste. Als Win der Job angeboten wurde, wollte sie ihn unbedingt haben, auch wenn das bedeutete, dass sie ihren PR-Job aufgeben und ein niedrigeres Gehalt in Kauf nehmen musste. Um ihre finanziellen Einbußen aufzufangen, arbeitete sie als Kellnerin in einem Restaurant und als freiberufliche Mitarbeiterin für eine andere PR-Agentur. Win arbeitete sieben Tage die Woche. Das Arbeitspensum war mörderisch, und sie musste Überstunden machen und schlief in vielen Nächten im Schneideraum von WCBS auf dem Fußboden. Dennoch stand sie die Ochsentour durch, weil sie wusste, dass sie ihr half, ihr Ziel zu erreichen.

Win ist ein Sportfan, besonders ein Fan der North Carolina Tar Heels. Beim Basketballspiel Carolina gegen Duke fragte sie den Produktionsleiter, ob sie sich vor Ort in Chapel Hill der Fernsehcrew als unbezahlte Assistentin anschließen dürfte. Er sagte Ja, und Win arbeitete bei dem Spiel ohne Bezahlung. Anschließend wurde sie gebeten, beim NCAA-Turnier zu helfen. Als die Basketball-Saison vorbei war, bat man sie, bei der Berichterstattung der PGA-Tour-Golfturniere mitzumachen. Win erkannte ihre Chance und gab ihre anderen Jobs in New York City auf, um mit dem CBS-Sports-Team umherzureisen und von den PGA-Tour-Turnieren zu berichten. Mit diesem Job bekam sie die Möglichkeit, sich PGA Tour Entertainment als Produzentin hinter und Moderatorin vor der Kamera zu empfehlen. Als sie 24 Jahre alt war, hatte sie es geschafft. Und das funktioniert folgendermaßen: Frau braucht eine Ausbildung, soziale

Kompetenzen, Kreativität und die Bereitschaft, hart zu arbeiten und alles für das eigene Ziel zu tun, solange die eigene Integrität nicht verloren geht.

Win erreichte bei PGA Tour die höchste Position in ihrem Bereich und bekam mit 26 Jahren das Angebot, als Fernsehjournalistin für den Golf Channel zu arbeiten. Sie ist deshalb so erfolgreich, weil sie viele Fähigkeiten beherrscht und viel harte Arbeit investiert hat.

Frauen schaffen es oft nicht zu bekommen, was sie wollen, brauchen und verdienen, weil sie Angst haben, aus ihrer Komfortzone herauszutreten und Risiken einzugehen. Sie werden mit Wachstum, Entdeckungen und Abenteuer belohnt, wenn Sie sich dem Business-Dschungel nähern, indem Sie aktiv die Entscheidung treffen, das zu bekommen, was Sie wollen, brauchen und verdienen. Sie müssen einen schriftlichen Plan erstellen und darin festhalten, dass Sie Ihre Ziele in kleinen Schritten erreichen wollen; das ist wichtig, um das zu bekommen, was Sie wollen, denn wie heißt es doch: „Inch by inch life's a cinch. Yard by yard, life is hard" (etwa: Geht frau kleine Schritte, ist das Leben ein Kinderspiel, aber die großen Schritte im Leben sind schwer).

Viele Frauen bleiben häufig auf Positionen, in denen sie nur eine Assistentenfunktion haben, obwohl sie genauso wie die Männer das Zeug dazu hätten, die Stellen zu bekommen, die sie wollen. Das passiert, weil sie sich ständig Extraarbeit aufbürden lassen und Helferrollen annehmen, anstatt ihr Interesse an Führungspositionen zu bekunden. Die weiblichen Aktivposten Einfühlsamkeit und Aufmerksamkeit, die aus einer Frau eine tolle Sekretärin machen, machen aus ihr auch eine großartige CEO. Treten Sie für sich ein.

Nehmen Sie Stellen an, die es Ihnen leichter machen, Ihre Ziele zu erreichen, und keine Hilfsjobs, die Ihnen einen Stempel aufdrücken, wenn Sie das Zeug für mehr hätten. Treten Sie für sich ein. Geben Sie sich nicht mit weniger als mit dem zufrieden, was Sie wollen, wenn Sie bereit und qualifiziert sind, mehr Verantwortung zu übernehmen, und das auch Ihr Wunsch ist.

Sagen Sie, was genau Sie wollen. Je präziser Sie sind, desto wahrscheinlicher ist es, dass Sie es auch bekommen. Viele Frauen lernen als kleine Mädchen, dass es unhöflich ist, um etwas zu bitten, und sie warten sollen, bis man ihnen etwas anbietet. Das ist Quatsch, wenn es um berufliche Dinge geht. Wenn Sie nicht um das bitten, was Sie wollen, werden Sie es wahrscheinlich nie bekommen. Meine Mutter, Joan Williams Hight, hat mir folgenden Satz eingedrillt: „Mag sein, dass die Bescheidenen die Erde erben werden, aber zu deinen Lebzeiten wird das nicht passieren." Feiglinge erklimmen niemals die Karriereleiter.

Bringen Sie das Ihren Töchtern bei. Wenn Ihre Tochter zum Beispiel den Weihnachtsmann um eine Puppe bitten möchte, haben Sie hier die Gelegenheit, ihr diese Technik beizubringen, um ihre Chancen zu verbessern, genau das zu bekommen, was sie will, wenn sie es will. Wenn sie die Molly-, Josefina- oder Kanani-Puppe aus der American Girl Collection haben will, bringen Sie ihr bei, den Weihnachtsmann um eine bestimmte Puppe zu bitten. Üben Sie zum Beispiel mit ihr, zu sagen: „Ich wünsche mir zu Weihnachten die American-Girl-Puppe Molly, die dieses Jahr zum Fest ein grünes Samtkleid trägt." Erklären Sie ihr, dass es, wenn sie keine präzisen Angaben macht, passieren kann, dass sie stattdessen zu ihrem Geburtstag im Juli eine Barbie-Puppe mit Badeanzug bekommt. Nutzen Sie die Gelegenheit, um ihr beizubringen, dass sie nicht nur immer sagen soll, was sie will, sondern auch, wie, wann und wo sie es will!

Es ist für andere einfacher, Ihnen das zu geben, was Sie wollen, als Zeit darauf zu verwenden zu erraten, was Sie wollen könnten. Helfen Sie ihnen dabei. In *Der Zauberer von Oz* gibt der Pförtner Dorothy das, was sie will, als sie ihm endlich die entscheidende

Information gibt, um das zu bekommen, was sie will: „Oh! ... Tatsächlich. Sie trägt die roten Schuhe. Warum habt Ihr das denn nicht gleich gesagt. Kommt rein!" Verschaffen Sie sich Zugang, indem Sie sagen, was Sie wollen.

Machen Sie eindeutige Angaben. Seien Sie präzise. Hier kommt ein Beispiel dafür, was Sie sagen könnten, wenn Sie mit einer Person sprechen, die Ihnen den Job anbieten kann, den Sie wollen: *„Ich interessiere mich für eine Tätigkeit in Ihrem Büro als _____ und würde mit Ihnen gern besprechen, wie ich Sie bei _____ unterstützen kann. Könnten wir uns nächste Woche treffen? Vielen Dank für Ihre Zeit und Ihr Interesse."* Auf diese Weise weiß der potenzielle Arbeitgeber schon mal vier Dinge, die Sie wollen:

1. Einen Job
2. Wissen, wo sein Bedarf liegt
3. Ihn bei _____ unterstützen und
4. Eine Zeitangabe, wann Sie sich treffen können.

Viele Arbeitgeber gehen weiterhin davon aus, dass Frauen kein Interesse an Stellenangeboten haben, die einen Umzug an einen neuen Ort oder Überstunden bedeuten, weil sie schwanger werden könnten oder bereits Kinder haben. Begehen Sie nicht die Torheit, Ihrem Arbeitgeber Annahmen zu unterstellen; Sie könnten total daneben liegen und es versäumen, Ihrem Arbeitgeber Ihre Ziele mitzuteilen und ihm zu sagen, dass Sie die Bereitschaft mitbringen zu tun, was getan werden muss, um die Anforderungen einer Position mit wachsender Verantwortung zu erfüllen. Machen Sie Ihrem Arbeitgeber unmissverständlich klar, was Sie wollen, dass Sie bereit sind, mehr Verantwortung zu übernehmen, und dass Sie auch umziehen würden – eben alles tun würden, was nötig ist, um Ihre Karriere voranzubringen.

Sie sind zu 100 Prozent für die Botschaft verantwortlich, die Sie anderen übermitteln. Also sagen Sie Ihrem Arbeitgeber, dass Sie sich darüber freuen würden, wenn er Sie bei neuen Positionen berücksichtigen würde, für die Sie qualifiziert sind. Tun Sie dies nicht, kann es passieren, dass Ihr potenzieller Arbeitgeber Sie abspeist, vergisst, Ihnen eine Stelle anbietet, die Sie nicht wollen, oder die Stelle, die Sie wollen, jemand anderem anbietet. Denken Sie an den Pförtner von Oz. Es ist Ihre eigene Schuld, wenn Sie die Torheit begehen, dem „Pförtner" nicht zu sagen, was er über Sie wissen muss. Falls er der irrigen Annahme unterliegen sollte, dass Sie sich, nur weil Sie eine Frau sind, gern an die Kandare nehmen lassen, können Sie den „Pförtner" nur dann von seinem Wahn befreien, wenn Sie Klartext reden. Sie müssen dem unwissenden „Pförtner" auf höfliche Art die Information geben, die er braucht, um Ihnen die Tür öffnen zu können, damit Sie das bekommen, was Sie wollen. Seien Sie schlau. Seien Sie freundlich. Machen Sie eindeutige Angaben. *Brüllen Sie höflich, um das zu bekommen, was Sie wollen!* Man wird Ihnen sagen: „Sie hören von uns." Wenn das passiert, erwidern Sie fröhlich: „Großartig! Wann darf ich mit Ihrer Antwort rechnen?" Damit drängeln Sie, aber das ist O. K. Notieren Sie sich das genannte Datum im Kalender, und wenn Sie dann keine Rückmeldung erhalten, rufen Sie Ihren potenziellen Arbeitgeber an. Randy Pausch, ehemaliger Professor an der Carnegie Mellon University und Autor von „Last Lecture: Die Lehren meines Lebens" sagte: „Wenn Sie nicht innerhalb von 48 Stunden eine Antwort erhalten, ist es O.K. nachzufragen." Seien Sie höflich. Wenn Sie bei denen, die sich nicht rückgemeldet haben, nachfragen, sagen Sie etwas in Richtung: „Da ich nichts von Ihnen gehört habe, wollte ich mich heute sicherheitshalber noch mal melden, weil mir eingefallen ist, dass Sie sagten, Sie würden diese Woche eine Entscheidung fällen. Ich bin wirklich sehr an einer Mitarbeit an diesem Projekt interessiert und wollte sichergehen, dass Sie meine Bewerbung berücksichtigen." Indem Sie hartnäckig sind, zeigen Sie, dass Sie echtes Interesse haben, und das wird der anderen Seite gefallen. Denken Sie an den Satz: „Mag sein, dass die Bescheidenen die Erde erben werden, aber zu deinen Lebzeiten wird das nicht passieren." Zögern Sie nicht, Leute, die Ihnen beim Erreichen Ihrer Ziele helfen können, wissen zu lassen, was Sie wollen. Zögern Sie nicht, Leute nach dem zu fragen, was Sie wollen. Das Schlimmste, was Ihnen passieren kann, ist, dass sie Nein sagen.

Legen Sie immer eindeutig dar, was Sie wollen, und Sie werden Ihre Chancen erhöhen, dass Sie genau die Puppe bekommen, die Sie haben wollen, sie genau die Kleidung trägt, die Sie sich gewünscht haben, und Sie sie genau dann bekommen, wenn Sie sie wollen. Ein passives Managen Ihrer Ziele bringt Sie nirgendwo hin. Seien Sie proaktiv. Fragen Sie nach dem, was Sie wollen, brauchen und verdienen.

Seien Sie positiv, bleiben Sie positiv und hartnäckig. Einflussreiche Frauen stellen heraus, was sie erreicht haben, lächeln und sagen freundlich Danke, wenn man sie dazu beglückwünscht. Ich wiederhole: Sagen Sie DANKE, wenn man Sie beglückwünscht. Lenken Sie NICHT davon ab und reden Sie es auch NICHT klein. Sagen Sie einfach DANKE. Ein Kompliment ist ein Geschenk. Nehmen Sie es dankbar an. Sagen Sie niemals: „Ach, das war doch nicht der Rede wert."

Einflussreiche Frauen werben weder mit ihren Schwächen oder Fehlern, noch spielen sie ihre Erfolge herunter. Lassen Sie diejenigen, die Ihnen helfen können, auf eine raffinierte und geschmackvolle Art wissen, was Sie erreicht haben. Dokumentieren Sie Ihre Leistungen, und schrecken Sie nicht davor zurück zu sagen, dass Sie etwas gut können, wenn dies anderen nützen könnte. Das Dokumentieren ist ein wirkungsvolles Instrument, um andere wissen zu lassen, was Sie können. Sie sollten regelmäßig Ihren Lebenslauf aktualisieren, damit Sie nicht vergessen, was Sie erreicht haben, und auch als Nachweis für andere, wo Ihre Erfahrungen und Erfolge liegen. Dies wird den anderen helfen ... und es wird Ihnen ebenfalls helfen. Durch sichtbares Zurschaustellen von Preisen, Trophäen und Zertifikaten wird daran erinnert, was Sie können und was Sie erreicht haben.

Umgeben Sie sich mit positiven Menschen. Halten Sie sich fern von belasteten Menschen, die sich am liebsten in Selbstmitleid ergehen, gegen alles und nichts sind und jede Menge „Hätte ich doch bloß"-, „Wenn ich doch bloß"- und „Es tut mir so leid"-Sätze von sich geben. Solche Energie absaugenden Vampire sind kraftraubend.

Viele Frauen machen ein Ritual daraus, sich selbst herabzuwürdigen, indem sie „Es tut mir leid" sagen. Wenn Sie die Schuld für etwas auf sich nehmen, an dem Sie gar nicht schuld sind, schmälert das Ihren Einfluss und es schadet Ihrem beruflichen Image. Um es mit den Worten der US-amerikanischen Werbeexpertin Lois Wyse zu sagen: „Männern bringt man bei, sich für ihre Schwächen zu entschuldigen, Frauen, für ihre Stärken". Würdigen Sie sich nicht selbst herab.

Die Welt des Business ist kein Märchenland, in dem frau glücklich bis an ihr Lebensende lebt. Auch wenn Frauen das Wahlrecht besitzen und es eine Gesetzgebung gibt, die Gleichberechtigung am Arbeitsplatz sicherstellen soll, so ist es dennoch ein Mythos, dass es in den leistungsstarken Branchen Gerechtigkeit und Gleichheit gibt oder Frauen Zugang zu diesen Branchen hätten. Meine jüngere Tochter Allison hatte vor einiger Zeit eine Unterhaltung mit ihrem Vater, einem Kopf- und Hals-Chirurgen. Die Geschichte, die sich zwischen ihnen abspielte, illustriert die Einstellung vieler Leute im 21. Jahrhundert, durch die Frauen ihrer Macht beraubt werden.

In dem Gespräch erwähnte Allison, dass sie gern an einer Graduate School studieren würde. Ihr Vater, der sie in ihrem Ansinnen nicht bestärkte, ließ sich zu dem Kommentar herab, dass Frauen zu einem geringeren Anteil zu Graduiertenprogrammen wie dem Medizinstudium zugelassen werden sollten als Männer. Seine Argumentation war, dass die meisten Frauen, die heiraten, ihre Stelle wieder aufgeben, um eine Familie zu gründen. Er sagte, dass die meisten Ärztinnen, die nach dem Heiraten und dem Kindergroßziehen wieder in den Arztjob zurückkehren, nur Teilzeit arbeiten wollen. Allison ging der von ihrem Vater vertretenen These mit dem „Mutterschaftsnachteil" und dem „Vaterschaftsbonus" auf den Grund. Sie stellte fest, dass laut den Forschungsergebnissen von Catalyst Inc. 83 Prozent der jungen Mütter binnen sechs Monaten nach der Geburt ihres Kindes wieder an den Arbeitsplatz zurückkehren, 17 Prozent nach der Geburt des Kindes ganz mit dem Arbeiten aufhören, 72 Prozent der älteren Mitarbeiterinnen verheiratet sind und 64 Prozent Kinder haben. Nach Angabe des Bureau of Labor Statistics (US-Behörde für Erwerbsstatik) haben 40 Prozent der weiblichen Mitarbeiter Kinder unter 18 Jahren. Im folgenden Semester nahm Allison ihr Ph.D.-Studium auf.

Beugen Sie sich keiner haltlosen chauvinistischen Denkweise und lassen Sie nicht zu, dass irgendwelche Männer *oder Frauen* Sie vom Erreichen Ihrer Ziele abhalten, indem Sie sich Macht entziehendes Gedankengut zu eigen machen. Das Leben und die Menschen darin, selbst die in Ihrer eigenen Familie, sind nicht immer so, wie sie sein sollten. Die Art, wie Sie auf das Leben und die Menschen in Ihrem Leben reagieren, ist das, was entscheidend zu Ihrem Erfolg beitragen wird. Vergeuden Sie keine Zeit damit zu versuchen, die Menschen zu ändern oder ein Unternehmen mit einer diskriminierenden Haltung, das aus seiner Historie heraus Talente von Frauen wie Ihnen nicht begrüßt. Suchen Sie sich die Leute und die Firmen heraus, die Ihren Wert zu würdigen wissen, Sie unterstützen und Ihnen die Gelegenheit geben werden, sich hervorzutun und produktiv zu sein. Dort sollten Sie hingehen. Zweifeln Sie nicht an sich. Geben Sie nicht auf. Seien Sie hartnäckig. Der Unterschied zwischen einer erfolgreichen Person und einer, die scheitert, ist, dass die erfolgreiche Person, nachdem sie das letzte Mal umgehauen wurde, wieder aufstand. Es besteht nur ein sehr kleiner Unterschied zwischen einflussreich und einflusslos sein. Um diesen Punkt zu verdeutlichen, denken Sie an den Unterschied zwischen sehr heißem und kochendem Wasser. Bei 99,5 °C ist Wasser heiß. Bei 100 °C kocht es. Hier machen gerade mal 0,5 °C einen riesigen Unterschied. Ein kleines bisschen extra Anstrengung in Ihrem Privat- und Berufsleben wird einen Unterschied machen in Ihrer Fähigkeit, Ihre Ziele zu erreichen. Die durchschnittliche Spanne zwischen Sieg und Niederlage ist klein – bei allen olympischen Zeitwettbewerben beträgt sie häufig weniger als eine Sekunde. In den letzten 25 Jahren wurde in allen großen Golfturnieren in weniger als drei Schlägen bestimmt, wer Sieger war. Sie sind für Ihre Resultate verantwortlich. Geben Sie noch ein Quäntchen mehr. Wie Walter Elliot sagte: „Ausdauer ist nicht ein einzelnes langes Rennen, sondern vielmehr eine Aneinanderreihung mehrerer kurzer Rennen." Bleiben Sie Schritt für Schritt dabei. Sie brauchen nur ein Grad mehr Energie zu geben, um zu dem Einfluss zu kommen, den Sie brauchen, um zu bekommen, was Sie wollen.

In der Sprache der Kleider können wir lügen oder versuchen, die Wahrheit zu sagen. Doch nichts zu sagen, ist unmöglich, außer wenn wir nackt und kahl sind.

– Alison Lurie

KAPITEL DREI

Rauch ZEICHEN

Dschungelprotokoll

Ich spreche zwei Sprachen, Körper und Englisch.

– Mae West

Laut Dale Carnegie gibt es „tatsächlich nur vier Möglichkeiten, wie wir mit der Welt in Kontakt treten können. Wir werden nach diesen vier Kontaktarten bewertet und eingestuft : *was wir tun, wie wir aussehen, was wir sagen und wie wir es sagen.*"
Fangen wir mit dem an, *was wir tun*. Alles an Ihnen sendet eine Botschaft an die Menschen, die Sie vielleicht einstellen, fördern oder Geschäfte mit Ihnen und Ihrer Firma machen wollen. Laut einer von Albert Mehrabian durchgeführten Studie bilden wir uns innerhalb der ersten 60 Sekunden der ersten Begegnung mit einem Menschen ein Urteil über ihn. Es kann ewig dauern, einen schlechten

ersten Eindruck wieder loszuwerden. Stellen Sie sicher, dass alles an Ihnen das von Ihnen gewünschte Signal sendet. Die Forschung hat ergeben, dass 93 Prozent unserer Kommunikation nonverbal sind. Ihre Signale bestehen aus mehr als Ihren Worten und dem Klang Ihrer Stimme. Zu Ihren Signalen gehört auch das, was die anderen sehen.

Wörter machen nur sieben Prozent Ihrer Botschaft aus. Ihre Körperhaltung, die Art, wie Sie sitzen und stehen, Ihre Gestik, Ablenkungen, die Sie mit sich herumtragen (Mobiltelefone, PDAs, Zeitungen, Bücher oder Zeitschriften), die von Ihnen verwendeten Füllwörter (darunter zum Beispiel „Ähs" oder „Unds"), geben korrekte oder irreführende Hinweise auf Ihr Können. Achten Sie darauf, welche Botschaft Sie übermitteln! Wenn Sie die Signale, die Sie empfangen, verstehen und wissen, wie Sie darauf reagieren sollen, wird Ihnen das helfen, das zu bekommen, was Sie wollen, brauchen und verdienen.

In den 1870er-Jahren war der Morsecode die fortschrittlichste Methode, über große Distanzen miteinander zu kommunizieren. Stellen im Morsefunkwesen waren sehr begehrt, da sie gut bezahlt wurden und hohes Ansehen genossen. Eine Firma schrieb eine neue Funkerstelle aus. Eine junge Frau bewarb sich auf die Position. Als sie bei der Firma ankam, ging sie zur Empfangstheke, wo auf einem Schild stand: „Vielen Dank, dass Sie sich vorstellen wollen. Bitte tragen Sie sich ein und nehmen Sie Platz. Sie werden dann zu einem Vorstellungsgespräch aufgerufen."

Die junge Frau trug sich auf einem Blatt Papier ein und setzte sich in den mit Bewerbern gefüllten Warteraum. Nach ungefähr 90 Sekunden stand die junge Frau von ihrem Platz auf und ging hinein in das Büro.

Die anderen Bewerber im Warteraum waren sauer, dass die junge Frau sich vorgedrängelt hatte, und gaben Kommentare von sich wie

„Was bildet sie sich ein?" oder „Kaum zu fassen, diese Anmaßung".
Einer sagte: „Sie wird die Stelle nie bekommen. Solche Leute fallen
immer durch."

Einige Minuten später kam der Direktor der Firma mit der jungen
Frau aus seinem Büro. Der Direktor sagte: „Vielen Dank für Ihr Interesse. Die Stelle ist vergeben. Danke, dass Sie gekommen sind."
Es entstand ein Tumult und die Leute schrien auf und sagten: „Das
ist nicht fair!" „Wir waren zuerst hier und warteten, bis wir an der
Reihe waren." „Sie hat sich für das Vorstellungsgespräch vorgedrängelt!"

Der Direktor erhob die Hände, damit sie sich wieder beruhigten,
und sagte: „Während Sie warteten, wurde eine Morsenachricht
durch den Raum gefunkt. Sie lautete: ‚Wenn Sie diese Nachricht
verstehen, dann kommen Sie herein. Die Stelle gehört Ihnen.'"

Die Bewerber verpassten ihre Chance auf eine gut bezahlte Stelle,
weil sie die Signale nicht erkannten. Sie sollten wissen, welche
Signale man Ihnen sendet.

Abgesehen davon, dass Sie die an Sie gesendeten Signale verstehen müssen, müssen Sie sich auch der Signale bewusst sein, die
Sie aussenden. Die Menschen betrachten unterbewusst Ihre nonverbalen Signale, um sich ein Urteil über Ihren sozioökonomischen
Hintergrund und ihren Bildungsstand zu bilden. Sie treffen Entscheidungen über Sie auf Basis der Durchsichtigkeit und Effek-
tivität Ihrer Handlungen und auch Ihrer Wortwahl. Je weniger Sie
gestikulieren, desto mehr Autorität und Selbstsicherheit werden Sie
ausstrahlen. Wie Studien belegen, setzen Personen weniger Gestik
ein, je höher sie auf der sozioökonomischen Skala stehen, weil sie
sich zum Senden von Botschaften stärker auf Wörter verlassen.
Irrelevantes Gestikulieren soll oftmals einen begrenzten Wortschatz
wettmachen. Verbessern Sie Ihren Wortschatz, indem Sie lesen,
anderen gut zuhören und neue Wörter in Ihre Sprache inkorporieren.

Wenn Sie Ihre Präsenz mit Füllwörtern und Ablenkungen verwischen, kann dies auch Ihre Botschaft überschatten. Ralph Waldo Emerson hatte recht, als er schrieb: „Was du *tust*, spricht so laut, dass ich nicht hören kann, was du sagst." Was *tun* Sie, wenn Sie den Dschungel betreten? Was können Sie tun, um am Arbeitsplatz zu gewinnen? Manchmal sehen und senden wir Signale, ohne deren Bedeutung zu erfassen. Hier einige der häufigsten Beispiele.

Eine offene Körperhaltung ...

ist das Erste, was andere an Ihrem Auftreten wahrnehmen. Stehen Sie gerade, um zu zeigen, dass Sie Selbstvertrauen haben. Sie können Ihre Körperhaltung mit einer einfachen Technik überprüfen. Stehen Sie auf. Stehen Sie gerade; dabei sollten Ihre Beine 15 bis 20 Zentimeter breit auseinander sein. Halten Sie Ihr Kinn so, dass es sich in einer Waagrechten zum Fußboden befindet. Ihre Körperhaltung sollte jetzt korrekt ausgerichtet sein. Halten Sie Ihr Kinn weiterhin waagrecht zum Fußboden. Jetzt verschränken Sie Ihre Finger hinter Ihrem Rücken. Dadurch werden Ihre Schultern nach hinten und nach unten gezogen. Lösen Sie Ihre Hände und positionieren Sie sie seitlich vom Körper. Voilà! Ihre Körperhaltung ist perfekt. Wiederholen Sie dies, bis Sie ein Gefühl dafür bekommen, und machen Sie die Übung im Lauf des Tages immer wieder. Eine aufrechte Körperhaltung wird mehr zu Ihrem Erscheinungsbild beitragen als alles andere. Beobachten Sie, wie königliche Hoheiten schreiten. Sie werden feststellen, dass sie häufig ihre Hände hinter den Körper führen, um ihre Körperhaltung zu korrigieren. Es ist kein Zufall, dass Prince Charles und Queen Elizabeth wie königliche Hoheiten aussehen. Und auch Sie müssen wie die Queen aussehen!

Behalten Sie die offene Körperhaltung bei.
Es muss so aussehen, als wären Sie jeden Moment darauf vorbereitet, einen Schritt nach vorn zu machen, um zu zeigen, dass Sie bereit sind, Verantwortung zu übernehmen. Wenn Sie Ihre Arme vor dem Körper verschränken, sieht das so aus, als würden Sie sich vor etwas schützen oder frieren. Mit einer solchen Körperhaltung scheinen Sie Ihren Gesprächspartner abzuwehren und senden damit unterbewusst die Botschaft aus, dass Sie an dem Gespräch nicht interessiert sind.

Wenn Sie die Hände auf die Hüften legen, …
ist dies ein Zeichen für Dominanz und kommuniziert vielleicht, dass es „Probleme" gibt.

Wenn Sie sich gegen die Wand, einen Tisch oder einen Stuhl lehnen, …
heißt das übersetzt, dass Sie eine schluderige und gleichgültige Einstellung haben.

Wenn Sie die Hände ins Shirt, in die Bluse, Jacke oder Tasche schieben, …
wirken Sie damit mehr als unprofessionell. Dies könnte so interpretiert werden, dass Sie als Gesprächspartnerin verschlossen sind und nicht offen kommunizieren wollen. Schließlich lassen sich Hände, die tief in den Taschen stecken, nicht schütteln, und auch andere Formen taktiler Kommunikation sind nicht möglich. Eine weitere Interpretationsmöglichkeit ist, dass diese Person sich (entweder zu viel oder zu wenig) mit Geld beschäftigt, wenn sie in der Tasche mit Münzgeld herumspielt.

Stehen Sie auf!
Frauen in der Geschäftswelt, die auf dem neusten Stand sind, wissen, dass sie durch ihr *Aufstehen* sich selbst und anderen gegenüber Respekt erweisen. Längst passé ist die Zeit, als die Vertreterin des schönen Geschlechts sitzen blieb und darauf wartete, bis sie offiziell vorgestellt wurde, bevor sie mit anderen sprach. STEHEN SIE AUF! Stehen Sie immer auf. Einflussreiche Frauen stehen auf.

So sollten Sie sitzen.
Wählen Sie sich zum Sitzen einen harten Stuhl, denn es ist schwierig, beherzt und dynamisch zu wirken, wenn Sie in einem riesigen Möbelstück versinken. Nehmen Sie eine selbstbewusste Sitzhaltung ein, indem Sie sich Ihrem Stuhl nähern und rückwärts an ihn herantreten. Dann setzen Sie sich auf die Stuhlkante und rutschen mit den Hüften nach hinten. Sitzen Sie gerade. Stellen Sie Ihre Füße ordentlich auf, indem Sie entweder beide Füße flach auf den Boden stellen, die Beine auf Knöchelhöhe kreuzen oder die Beine auf Kniehöhe übereinanderschlagen. Sie sollten sich aber dessen bewusst sein, dass Sie sich beim Kreuzen der Beine auf Kniehöhe zwei Risiken aussetzen: Sie könnten Krampfadern bekommen und Sie könnten nervös wirken, falls Sie mit den Beinen wippen.

So sollten Sie Ihre Füße positionieren:
In einigen Kulturen gilt es als Beleidigung, seine Fußsohlen zu zeigen. Ein peinlicher internationaler Zwischenfall ereignete sich während eines Treffens zwischen dem sowjetischen Regierungschef Nikita Chruschtschow und US-Präsident Richard Nixon, als Chruschtschow seine Beine übereinanderschlug und seinen Fuß so drehte, dass ein großes Loch in seiner Schuhsohle zu sehen war. Die internationale Presse schlachtete den Fauxpas aus, und die Redakteure der *New York Times* tadelten Chruschtschow für seine schlechten

Manieren. Achten Sie auf die Botschaft, die Sie senden – selbst mit Ihren Füßen. Sehen Sie sich die Signale an, die die königlichen Hoheiten auf ihren Porträts senden, und denken Sie daran, beide Füße parallel zu halten, wobei Ihre Zehen während Sie sitzen, in dieselbe Richtung zeigen sollten.

Wenn Sie beim Sitzen einen Fuß unter Ihren Körper stecken, ... werden Sie ungeerdet und mädchenhaft erscheinen. Wirken Sie geerdet, indem Sie beide Füße fest auf den Boden stellen.

Das Kreuzen der Beine in Oberschenkelhöhe ... wird auch als die „Besserwisser-Position" bezeichnet. Diese Sitzhaltung kommt bei Männern häufiger vor als bei Frauen, doch da auch einige Frauen so sitzen, muss sie erwähnt werden. Menschen, die so sitzen, ändern selten ihre Meinung, besonders, wenn sie ihre Hände hinter dem Kopf verschränken. Machen Sie sich, wenn Sie in der Verhandlungsphase sind, nicht die Mühe zu versuchen, jemanden, der so sitzt, dazu zu bringen, in Ihre Richtung umzudenken.

Verschränkte Arme und/oder Beine ... zeigen tendenziell eine defensive Geisteshaltung an, und das Legen einer Hand über den Mund oder das Kinn gilt als Zeichen, dass jemand in Gedanken versunken ist. Diese Körperhaltungen laden nicht zur Kontaktaufnahme ein. Sie sollten zur Kontaktaufnahme auffordern, indem Sie Ihre Arme lose seitlich am Körper halten und Ihre Hände von Ihrem Mund fernhalten.

Lehnen Sie sich vor, ... wenn Sie mit anderen sprechen. Damit demonstrieren Sie Interesse und zeigen, dass Sie zuhören.

Lächeln Sie.
Beim Lächeln müssen Sie weniger Gesichtsmuskeln anstrengen als beim Runzeln der Stirn. Ein Lächeln ist der beste Hinweis auf eine freundliche und positive Haltung und die Bereitschaft zur Kommunikation. Wenn Sie lächeln, wird Ihr Gesprächspartner Ihnen gegenüber aufgeschlossener sein. Keine Lippenstiftfarbe kann so viel für Ihr Gesicht tun wie ein Lächeln.

APROPOS LIPPENSTIFT!
Tragen Sie ihn auf wie ein Insektenschutzmittel, das heißt *BEVOR* Sie sich in den Dschungel begeben. Gehen Sie in Ihr Zelt zurück, um ihn aufzutragen. *TRAGEN SIE KEINEN, ICH WIEDERHOLE, KEINEN LIPPENSTIFT AUF, während Sie im Dschungel Menschen begegnen* oder am Lagerfeuer beziehungsweise bei einem Geschäftsessen sitzen. Geschäftsmänner der ersten Liga kämmen sich nicht bei Tisch – schlaue Geschäftsfrauen auch nicht. Das Gleiche gilt fürs Pudern der Nase, Bürsten der Haare oder Pulen in den Zähnen! Ziehen Sie sich für die Körperpflege in die Privatsphäre Ihres Zeltes zurück.

Sehen Sie anderen in die Augen.
Es ist in Nordamerika üblich, seinem Kommunikationspartner 40 bis 60 Prozent der Zeit in die Augen zu schauen und den Blick den Rest der Zeit in Gesichtsnähe schweifen zu lassen. In unserer Kultur sehen wir unserem Kommunikationspartner meistens fünf bis sieben Sekunden lang direkt in die Augen und lassen dann unseren Blick in dessen Gesichtsnähe schweifen, das heißt, wir schauen vielleicht auf seine Stirn, seine Wangen und sein Kinn. Sehen Sie Ihrem Kommunikationspartner in Intervallen von zirka fünf Sekunden ins Gesicht, um zu vermeiden, dass er denkt, Sie würden ihn anstarren, was ihm unangenehm sein und dazu führen wird, dass

Sie kritisch wirken. Ihr Blick sollte nicht von oben nach unten über seine Kleidung schweifen, weil dies den Anschein erweckt, als würden Sie den anderen taxieren.

Seien Sie ständig aufmerksam und blicken Sie nicht an der Schulter der anderen Person vorbei und im Raum herum. Starren Sie nicht vor sich hin, während Ihr Kommunikationspartner spricht. Wenn Sie sprechen, fahren Sie fort, ihm in die Augen zu sehen, aber sehen Sie von Zeit zu Zeit auch woanders hin, wenn Sie über Ihre Worte nachdenken. Sehen Sie niemals weg, um herauszufinden, ob sich noch jemand im Raum befindet, der vielleicht interessanter und attraktiver sein könnte als Ihr Kommunikationspartner! Es kann sein, dass Ihnen dabei jemand auffällt, aber Sie werden in dem Augenblick, in dem Ihr Gesichtsausdruck verrät, dass Sie sich nicht auf Ihren Kommunikationspartner konzentrieren, Ihre Glaubwürdigkeit verlieren. Zeigen Sie Ihrem Kommunikationspartner, dass Sie ihn verstehen, indem Sie von Zeit zu Zeit nicken.

Die Psychologin Jane Templeton machte in ihrem Artikel „How Salesmen Can Find Out What's Really on a Customer's Mind" (Wie Kaufleute herausfinden können, was Kunden wirklich denken) einige Beobachtungen. Sie schrieb: „Wenn ein potenzieller Käufer nach unten sieht und sein Gesicht abwendet, kommen Sie nicht an ihn heran. Ist der Mund jedoch entspannt, ohne aufgesetztes Lächeln, und zeigt das Kinn nach vorn, ist er wahrscheinlich Ihrer Präsentation gefolgt. Wenn seine Augen mehrere Sekunden hintereinander auf Ihnen ruhen und er dabei mit einem Mundwinkel zur einen Seite hin leicht lächelt und dieses Lächeln wenigstens bis auf Nasenhöhe reicht, denkt er über Ihr Angebot nach. Wenn er dann seinen Kopf mit Ihrem auf die gleiche Höhe bringt, sein Lächeln entspannt ist und begeistert wirkt, ist der Verkauf nahezu perfekt."

Jedoch gilt es in einigen Kulturen als schlechte Manieren, seinem Gegenüber in die Augen zu sehen, weil es als zu persönlich angesehen wird, wenn man jemand anderem in das „Fenster zur Seele" schaut. Machen Sie Ihre Hausaufgaben und machen Sie sich mit der Kultur einer Person aus einem anderen Kulturkreis vertraut, bevor Sie sie treffen.

Ständiges Berühren des Eherings ...
(besonders, wenn die mitteilende Person über den Ehepartner spricht) wird als Zeichen für Schwierigkeiten in deren Ehe wahrgenommen.

Hält sich jemand die Hände oder Gegenstände ...
wie eine Aktentasche oder eine Zeitschrift vor den Körper, deutet dies darauf hin, dass es sich um eine ängstliche Person handelt, die sich eine Kommunikationsbarriere wünscht. Holt jemand beim Betreten eines Raums Gegenstände aus der Aktentasche oder Handtasche, sendet das die Botschaft, dass die Person nicht vorbereitet ist und vielleicht versucht, Zeit zu gewinnen.

Sich beim Sitzen breit zu machen, ...
sendet nachteilige Botschaften aus, sowohl bei Männern als auch bei Frauen. Allerdings ist die nachteilige Botschaft beim jeweiligen Geschlecht unterschiedlich. Ein Mann, der sich beim Sitzen breit macht, signalisiert damit, dass er die Kontrolle übernimmt, während Männer das Sich-Breitmachen bei Frauen als Grenzüberschreitung interpretieren. Wenn die Frau jedoch nur einen Arm auf dem Stuhl neben sich ablegt, sendet sie damit die nonverbale Botschaft, dass sie als gleichrangig wahrgenommen werden will. Frauen, die ernst genommen werden wollen, halten es meistens für zweckdienlich, sich leicht nach vorn zu lehnen und dabei die Ellenbogen auf dem

Tisch liegen zu lassen und die Hände leicht ineinander zu verschränken. Außerdem werden Frauen, die neben der einflussreichsten Person im Raum sitzen, ebenfalls als einflussreich wahrgenommen.

Ein schneller Gang ...
begleitet von frei schwingenden Armen deutet darauf hin, dass diese Person zielorientiert ist.

Geht jemand gewohnheitsmäßig mit den Händen in den Taschen ...
suggeriert dies, dass die Person verschlossen ist und eine negative Einstellung hat.

Hat jemand beim Gehen die Hände auf den Hüften, ...
deutet dies darauf hin, dass diese Person möglichst viel Raum einnehmen will.

Berührungen sollten angebracht sein.
In einem geschäftlichen Umfeld ist das Berühren anderer generell unangemessen und kann als beleidigend angesehen werden. Sie sollten niemanden berühren, den Sie gerade erst kennengelernt haben, in dessen Nähe Sie sich nicht wirklich wohlfühlen oder der in Ihrem Geschäftsfeld erfahrener ist als Sie. Die einzig akzeptable Form der Berührung in der nordamerikanischen Geschäftskultur ist der professionelle Handschlag.

In den Vereinigten Staaten ist der Handschlag Usus, wenn ein Geschäft abgeschlossen wurde. Das mündlich gegebene Versprechen zwischen Menschen, die einander vertrauen, wird höher bewertet als viele schriftliche Verträge zwischen Menschen, die einander misstrauen.

Der Handschlag ist in fast allen Ländern der Welt bei Männern und Frauen die akzeptierte Form der Begrüßung. Wenn sie im Westen sind, schütteln selbst die Japaner ihrem Gegenüber am Anfang und Ende eines jedes Meetings die Hand, wobei sie sich zusätzlich verneigen. Zögern Sie nicht – strecken Sie sofort Ihre Hand aus. Sie werden nach Ihrem Handschlag beurteilt. Das gilt für Frauen und Männer gleichermaßen. Der Handschlag einer Frau sollte, wie der eines Mannes, Wärme und Ernsthaftigkeit vermitteln und dabei über die Berührung eine positive Verbindung zur anderen Person herstellen. Schütteln Sie Hände im Stehen – so demonstrieren Sie Respekt anderen und sich selbst gegenüber. Einflussreiche Frauen stehen, wenn Sie anderen Leuten Hallo sagen, und sie stehen, wenn sie sich verabschieden. Haben Sie bei sich im Büro oder zu Hause einen Besucher, stehen Sie auf und begleiten Sie ihn bis zur Tür.

Wenn der Handschlag mit einer Hand ausgeführt wird, die so schlaff ist wie ein toter Fisch, ...
wird hiermit unterbewusst die Botschaft ausgesendet, dass diese Person schwach ist und lieber anderen das Fällen von Entscheidungen überlässt. Jemand mit schwachem Händedruck macht den Eindruck, als wäre er am Händeschütteln und an einer gesellschaftlichen Interaktion nicht ernsthaft interessiert.

Der Handschlag mit ausgestreckten Fingerspitzen ...
sendet unterschwellig eine ähnliche Botschaft wie der schwache Händedruck. Häufiger von Frauen als von Männern ausgeführt, scheint es fast so, als würde die Hand ausgestreckt, um geküsst zu werden.

Der Knochenbrecher-Handschlag ...
übersendet unterschwellig die Botschaft, dass die Person aggressiv ist und einschüchtern möchte. Außerdem kann es sein, dass die

Person als zornig eingeschätzt wird. Es kommt vor, dass derjenige, der die Hand so gibt, seine Hand so dreht, dass sie über der Hand der anderen Person ist. Dieses Machtspiel bedeutet: „Ich habe die Sache im Griff." Falls Sie in eine Situation kommen, in der Sie mehrfach Hände schütteln müssen, sollten Sie, um das Risiko eines zu festen Händedrucks zu mindern, die Ringe von Ihrer rechten Hand entfernen.

Beim Handschlag mit beiden Händen ...
legen Sie Ihre linke Hand über die sich schüttelnden rechten Hände. Dies kann effektiv sein, um Trost zu spenden, aber nicht im Geschäftsleben.

Der professionelle Handschlag ...
ist fest; die Hände greifen dabei vollständig ineinander, so dass sich die gesamten Handflächen berühren, und er wird begleitet von drei bis vier von den Ellenbogen ausgehenden kleinen Stößen. Zum Händeschütteln gehört auch, dass Sie lächeln, direkten Augenkontakt halten und eine offene Körperhaltung haben.

Ihre rechte Hand sollte immer bereit sein, einen Handschlag zu geben und zu empfangen. Ein guter professioneller Handschlag ist trocken und angenehm in der Berührung. Sorgen Sie dafür, dass die Hand, mit der Sie Hände schütteln (die rechte Hand), trocken ist, indem Sie mit ihr keine eiskalten Getränke halten und sie vielleicht für einen Augenblick in die Tasche Ihres Blazers stecken, um sie vor dem Händeschütteln zu wärmen.

Einigen Menschen ist es unangenehm, Hände zu schütteln, weil sie unter Hyperhidrose leiden, allgemein bekannt als starkes Schwitzen an den Handflächen. Ein Geheimtipp ist, eine kleine Puderquaste oder ein Taschentuch in der Tasche oder Handtasche zu haben, die frau in regelmäßigen Abständen berühren kann, um den überschüssigen Schweiß abzuwischen. Wenn dies bei Ihnen ein ernsthaftes Problem ist, sprechen Sie mit Ihrem Arzt darüber. Er kann Ihnen ein Aluminiumchlorid-Präparat verschreiben, das sehr effektiv den Schweiß an den Händen hemmt. Es gibt außerdem verschiedene chirurgische Verfahren zur Beseitigung der Hyperhidrose.

Falls Sie aus irgendwelchen Gründen anderen nicht die Hand geben können, erklären Sie dies der Person, die Ihnen eine Hand entgegenstreckt. Zum Beispiel so: „Ich würde Ihnen ja gern die Hand geben, aber ich habe mir das Handgelenk verstaucht, als ich Möbel gerückt habe, den Computer repariert habe, beim Reiterurlaub vom Pferd gefallen bin und so weiter." Mit solchen Kommentaren lässt sich nicht nur das Eis brechen, sondern sie sind auch ausgezeichnete Köder für den Gesprächseinstieg.

Körperbehinderte Menschen reagieren auf Körpersprache ...
besonders sensibel. Denken Sie daran, dass ein Mensch mit einer Behinderung keine ansteckende Krankheit hat und man ihm gegenüber deshalb nie voreingenommen sein sollte.

Schwere Parfüms ...
sollten Sie lieber vermeiden, sonst hinterlassen Sie einen zu starken Eindruck, wenn Sie anderen begegnen.

Die Hände ...
können beim Kommunizieren von Ideen ein sehr wirksames Instrument sein. Es ist wichtig, bei transkulturellen Begegnungen die Körpersprache mit Bedacht einzusetzen.

Das Zeigen auf jemand anderen mit dem Finger ...
dürfte in jeder Kultur schlecht ankommen.

Das Verwenden der Finger ...
erleichtert das Kommunizieren dort, wo es um mehrere Gesprächs-
punkte geht. Versuchen Sie, mündliche Listen auf drei Punkte zu
beschränken, denn mehr als drei erhöht die Schwierigkeit des
Hörverständnisses. Nordamerikaner beginnen die Zählung mit dem
Zeigefinger, gefolgt von Mittelfinger und Ringfinger. Europäer beginnen beim Aufzählen meist mit dem Daumen, gefolgt von Zeigefinger und Mittelfinger.

Das Abnehmen einer sauberen Brille ...
zum Putzen gilt als Verzögerungstaktik.

Das In-den-Mund-Nehmen des Brillenbügels ...
wird als Hinweis darauf gewertet, dass die Person entweder Hunger
hat oder nach weiteren Informationen sucht und sich Zeit nimmt,
um eine Entscheidung zu treffen.

*Das Ziehen am Ohr, Reiben der Augen, der Nase oder des Kinns
und das Verdecken des Munds mit der Hand ...*
wird von Personen, die Körpersprache entschlüsseln, als Hinweis
auf das Verheimlichen von Informationen und als Unsicherheit interpretiert oder auch als Hinweis darauf, dass der Gesprächspartner die Unwahrheit sagt. Als Neurologen und Psychiater US-Präsident Bill Clintons Körpersprache während seiner Anhörung vor der
Grand Jury bezüglich einer außerehelichen Affäre analysierten,
fanden sie heraus, dass Clinton seine Nase nicht berührte, wenn er
die Wahrheit sagte. Doch wenn er log, so das Analyseergebnis,
runzelte Clinton für den Bruchteil einer Sekunde die Stirn und berührte seine Nase einmal alle vier Minuten, sodass er auf insgesamt
26 Nasenberührungen kam.

Sie sollten bei der Körpersprache Gestencluster lesen und dabei die Situation und das jeweilige Individuum berücksichtigen. So kann es zum Beispiel sein, dass derjenige, *der sich Augen und Nase reibt*, auf die Katze allergisch reagiert, die sich im Raum befindet, und nicht versucht, Informationen vor jemandem zurückzuhalten oder seinem Blick auszuweichen. Oder vielleicht ist derjenige, der seinen Mund mit der Hand verdeckt, müde und vermittelt durch diese unbewusste Geste nicht: „Das sollte ich lieber nicht sagen." Das gesellschaftliche Gähnen andererseits kann auf mehr hinweisen als darauf, dass der Gesprächspartner müde ist. Oft versucht jemand, der sich in einer leicht stressigen Lage befindet, damit etwas Zeit herauszuschinden.

Wenn jemand sein Haar berührt oder dieses zurückwirft, …
impliziert dies, dass die Person eine positive Einstellung zu ihrer äußerlichen Erscheinung hat.

Das Zwirbeln von Haarsträhnen …
ist ein Hinweis auf Verwirrtheit, Unsicherheit und Nervosität.

Wenn sich jemand durchs Haar fährt, …
vermittelt dies meistens den Eindruck, dass er nicht weiß, was er als Nächstes sagen oder tun soll. Eine Geschäftsfrau, die ihr Haar hochgesteckt trägt, vermittelt damit, dass sie die Kontrolle hat oder sie zumindest haben will. Wenn Frauen die Haare offen tragen, wirken sie damit generell eher sexuell aufreizend als professionell.

Das Reiben des Kinns …
ist ein vielversprechendes Zeichen und bedeutet, dass der Zuhörer interessiert ist.

Dreht jemand seine Handflächen nach oben, ...
zeigt dies, dass er ein offener und empfangsbereiter Gesprächspartner ist.

Die zum Spitzdach ...
geformten Finger, auf deren aneinandergepressten Fingerspitzen
Kinn oder Mund ruhen, sind eine Geste, die zeigt, dass der Gesprächspartner intensiv nachdenkt, und es wirkt fast so, als würde
er um eine Antwort beten. Weitere Interpretationsmöglichkeiten,
besonders, wenn dies als Teil eines Gestenclusters betrachtet wird,
zu dem auch die Körperhaltung und der Augenkontakt gehören,
sind, dass der Gesprächspartner selbstzufrieden, stolz und vielleicht dogmatisch ist. Je spitzer der Winkel zwischen den Fingern,
so die Annahme, desto zufriedener ist der Betreffende mit sich.

Das Zupfen am Kragen ...
ist ein Hinweis darauf, dass die Körpertemperatur des Gesprächspartners gestiegen ist. Ja, vielleicht ist es warm im Raum, aber das
spielt keine Rolle; wer nonverbale Kommunikationsformen versteht,
weiß vielmehr, dass die Körpertemperatur auch dann ansteigt,
wenn Menschen lügen. Hebt jemand automatisch die Hand, um
mehr Luft zu bekommen, indem er seinen Kragen öffnet, kann dies
bedeuten, dass der Person warm am Kragen ist, weil sie nervös ist
oder Angst hat.

Das Streichen über das Halstuch ...
(bei Männern die Krawatte) ist ein nonverbales Zeichen, dass der
Gesprächspartner sich bemüht zu gefallen und begierig darauf ist,
einen guten Eindruck zu machen.

Das Wackeln mit dem Fuß ...
bei gekreuzten Beinen und das Klopfen mit dem Fuß auf dem Boden
strahlt Nervosität aus.

*Das Kauen auf den Fingernägeln, Zwirbeln der Haare, Knacken mit
den Knöcheln und Kauen von Kaugummi ...*
zeigt, dass es dem Betreffenden an Selbstsicherheit und Kultiviertheit mangelt, wodurch er auf subtile Weise seine eigene Karriere
sabotieren kann.

Exzessives Kichern ...
ohne Grund soll Gesprächspausen füllen und ist ein Zeichen für
Nervosität und Ängstlichkeit. Dies ist häufig eine maue Masche, um
Zustimmung zu erhalten. Einflussreiche Frauen kichern nicht unangebracht.

Das Interpretieren der Körpersprache anderer ist eine ungenaue
Wissenschaft, die noch dadurch erschwert wird, wenn wir berück-
sichtigen, dass nonverbale Signale von Stadt zu Stadt, Region zu
Region und Land zu Land variieren. Da die Menschen aber sehr
wohl gegenseitig ihre Körpersprache interpretieren, tun Sie gut
daran, sich einige der häufigsten nonverbalen Signale bewusst
zu machen, die Sie in der Welt des Business empfangen können.
Wenn Sie verstehen, wie Körpersprache wahrgenommen wird, wird
Ihnen das außerdem helfen, Signale auszusenden, die Sie mit den
Instrumenten ausstatten, die Sie benötigen, um zu bekommen, was
Sie wollen, brauchen und verdienen.
Ein gutaussehender junger Mann, der in Spanien geboren wurde
und dort aufwuchs, erzählte mir seine Geschichte, einen Tag, nach-
dem ich bei einem globalen Consultingunternehmen mit Sitz in den
USA eine Schulung abgehalten hatte.

Ich zog in dieses Land, um an der University of Virginia zu studieren, wo ich Golf im UVA-Team spielte. Als ich in Spanien lebte, war ich gut in der Schule. Meine Lehrer mochten mich. Ich hatte meine Freunde. Ich hatte niemals Probleme, mich mit Mädchen zu verabreden. Ich mühte mich eine ganze Weile ab, mich in die UVA einzufügen, und verstand nie, warum ich mit meiner Art, mit der ich in Spanien gut ankam, in den Vereinigten Staaten Probleme mit Beziehungen zu anderen Menschen haben sollte. Es hatte den Anschein, dass in den USA niemand in meiner Nähe sein und keiner etwas mit mir zu tun haben wollte. Ich war deprimiert. Eines Tages beim Golftraining kam mein Golfcoach zu mir herüber und sagte: „Du stellst dich zu dicht neben andere Menschen."

Was Sie unterrichten, ist nicht nur wichtig für den beruflichen Erfolg in diesem Land, sondern auch für den Erfolg als Privatmensch.

Der junge Mann sprach über die *persönliche Distanzzone oder räumliche Distanz* zwischen Gesprächspartnern. Der typische Nordamerikaner fühlt sich am wohlsten, wenn die Distanz zum Kommunikationspartner zirka 45 bis 60 Zentimeter beträgt. Die persönliche Distanzzone variiert, je nach individueller Persönlichkeit, Selbstverständnis und Einstellung zum Gesprächspartner, kulturellem Hintergrund, angenommenem oder tatsächlichem Rang. Außerdem zeigt die Wissenschaft der Proxemik, dass extrovertierte Menschen und Menschen mit hohem Selbstwertgefühl dazu neigen, sich innerhalb des akzeptablen Rahmens näher neben ihren Gesprächspartner zu stellen, während introvertierte Menschen und Menschen mit geringem Selbstwertgefühl ganz am äußersten Rand des akzeptablen Bereichs stehen. Beachten Sie, dass eine regionale räumliche Distanz, die kleiner oder größer ist als die in Ihrer eigenen Kultur angemessene Distanz, zu Missverständnissen führen kann. Zum Beispiel neigen Gesprächspartner im Nahen Osten, Südeuropa und Lateinamerika meist dazu, bei Unterhaltungen enger beieinander zu stehen als die Menschen in Europa und Nordamerika. Die Welt des Business ist global. Nehmen Sie sich die Zeit, etwas über die Sitten und Gebräuche Ihres Kommunikationspartners zu lernen, die oft anders sind als Ihre eigenen. Wenn möglich, sollten Sie sich im Voraus mit der Kultur Ihres Gesprächspartners vertraut machen. Geschulte Reiseleiter bei Safaris werden Ihnen schnell sagen, dass Sie still sein und auf die stummen Signale im Dschungel achten sollen. Lernen Sie die Signale. Deuten Sie die Signale der Menschen in Ihrem Business-Dschungel. Seien Sie sich der Signale bewusst, die Sie aussenden.

Das leichte Neigen des Kopfes ...
kann ein Hinweis darauf sein, dass der Zuhörer an dem, was er hört, interessiert ist. Charles Darwin war der Erste, der diese Angewohnheit sowohl bei Tieren als auch bei Menschen bemerkte. Wenn jemand beim Zuhören oft den Kopf zur Seite neigt, wird dies sehr häufig als Zeichen der Unterwerfung interpretiert. Es schmälert die Einflusskraft. Heben Sie sich das Neigen des Kopfes fürs Flirten auf.

Periodisches Kopfnicken ...
ist in den USA eine aktive Technik des Zuhörens, die zeigt, dass man zustimmt, versteht und gern möchte, dass die andere Person weiterredet. Zu häufiges Nicken ist aber wie zu viel Rouge tragen: Es sieht übertrieben und falsch aus und so, als ob Sie gar nicht richtig zuhören. Die Art des Nickens hat nicht in allen Kulturen die gleiche Bedeutung.

Meine Tochter Allison reiste vor einiger Zeit nach Indien. Als sie in Mumbai ankam, ging sie am Flughafen zum Geldautomaten, um Geld zu holen. Ein großer, kräftiger Wachmann mit einer Uzi-Maschinenpistole stand vor dem Geldautomaten. Sie fragte den Wachmann, ob sie Geld am Automaten holen könne. Er wiegte den Kopf von rechts nach links und sagte: „Ja". Der Wachmann sagte Ja, aber ihrem Verständnis nach zeigte er mit seinem Kopf ein Nein an. Allison hatte Respekt vor seiner Pistole und wollte die Situation nicht falsch auslegen, also wiederholte sie ihre Frage. Wieder wiegte der Wachmann seinen Kopf von rechts nach links und sagte Ja. Allison war verwirrt und hatte Angst, an ihm vorbeizugehen. Aber sie brauchte das Geld. Daher fragte sie ein letztes Mal: „Sind Sie sicher, dass es in Ordnung ist, wenn ich hier Geld hole?" Dieses Mal bellte der Wachmann: „Ja!" Allison holte sich ihr Geld. Sie lernte hier auf sehr schnelle Weise, dass Körpersprache an unterschiedlichen Orten unterschiedliche Dinge bedeutet.

Die Menschen machen gern Geschäfte mit den Leuten, die so zu sein scheinen wie sie selbst oder zumindest zeigen, dass sie sie verstehen. Informieren Sie sich über die Sitten und Gebräuche Ihrer Kommunikationspartner, wenn Sie mit Partnern aus anderen Ländern Geschäfte machen, und zeigen Sie ihnen, dass sie Ihnen bekannt sind. Die Botschaft, die Sie senden, wenn Sie die Gepflogenheiten Ihrer Kommunikationspartner nicht kennen, ist, dass Sie vielleicht dumm und ignorant sind oder diese Menschen Ihnen einfach nicht wichtig genug sind, um selbst die grundlegendsten Dinge über sie oder ihre Geschäftskultur zu lernen. Wenn Sie sich mit den Instrumenten vertraut machen, die Sie im Business-Dschungel brauchen, kennen Sie den Unterschied, ob Sie gerade einen Job in den USA ergattert haben oder in Indien mit Pauken und Trompeten rausgeworfen worden sind!

Zwar machen Kleider nicht die Frau, aber sie haben einen nicht zu unterschätzenden Einfluss auf das Selbstwertgefühl – und das, denke ich doch, macht die Frau.

– Mary Kay Ash

KAPITEL VIER

Safari AUSRÜSTUNG

Sie brauchen mehr als die richtige Lippenstiftfarbe!

Ich habe mich oft gefragt, wie lange Männer wohl ihren Rang behalten würden, wenn man ihnen ihre Kleider abnehmen würde.

– Ralph Waldo Emerson

Ich suchte mal das örtliche Postamt auf, um einen Brief zu versenden. Es war schon nach Feierabend, und ich war die einzige Person in der Halle. Einer der Postmitarbeiter kam in die Halle und sagte: „Ah, jemand von der Konkurrenz." Ich sah auf, weil ich dachte, ich wäre die Einzige in der Post. Ich drehte mich um, blickte hinter mich und sah niemanden. In freundlicher Stimme sagte der Mann: „Mit der Konkurrenz meine ich Sie." Ich schaute verdutzt drein. Plötzlich wurde mir klar, dass ich eine braune Bluse mit farblich dazu passender Hose trug. Er dachte, ich wäre eine Mitarbeiterin von UPS.

Geschäftsleute identifizieren andere bewusst und unbewusst anhand ihrer Bekleidung und fällen entsprechend Urteile – noch bevor sie etwas sagen. Studien im Bereich Menschenführung zeigen, dass die Menschen denen folgen, die gut und in dem Stil angezogen sind, dem sie nacheifern. Sich auf eine Art zu kleiden, die der Bekleidung Ihres Kommunikationspartners stark ähnelt, ist eine effektive, unterschwellige Technik zum Aufbau guter Beziehungen. Mit der von Ihnen gewählten Kleidung senden Sie eine Botschaft aus, daher sollten Sie sicherstellen, dass Sie Kleider auswählen, die die von Ihnen gewünschte Botschaft senden. Stellen Sie Nachforschungen an, bevor Sie die Outfits überziehen, die bereits in Ihrem Kleiderschrank hängen, und bevor Sie neue kaufen.

Kleider sind ein wichtiger Bestandteil der nonverbalen Kommunikation und spielen eine große Rolle, wenn es darum geht zu bestimmen, wer Sie sind, woher Sie kommen und was Sie tun. Mark Twain sagte: „Es sind die Kleider, die Leute machen. Darum haben nackte Menschen praktisch keinen Einfluss auf die Gesellschaft." Menschen, die die falsche Kleidung tragen, auch nicht. Sie müssen die richtige Kleidung tragen. Beim Kauf von Stücken für Ihren Kleiderschrank achten Sie auf Qualität nicht Quantität. Gehen Sie zu Beginn der Saison einkaufen, damit die Auswahl größer ist. Klassische Farben wie Schwarz, Grau, Marine, Beige und Taupe können Sie tendenziell länger tragen als grelle Trendfarben. Suchen Sie sich einen guten Schneider, der Ihre Kleider ordentlich ändert. Der Hosenbund sollte in der Taille beginnen und das Hosenbein am Spann enden. Eine gute Investition ist eine qualitativ hochwertige Kleiderbürste. Geben Sie Ihre Kleider möglichst wenig in die chemische Reinigung und waschen Sie sie nicht zu häufig. So verhindern Sie, dass sie schlapp aussehen – nach solchen Prozeduren verlieren Kleider schnell ihre Passform. Bei Businesskleidung geht es nicht um persönlichen Stil oder Bequemlichkeit. Bei Businesskleidung geht es darum, gegenüber anderen Menschen und den Positionen, die sie innehaben, Respekt zu zeigen. Dschungeloutfits sind Instrumente. Wenn Sie klug sind, denken Sie sehr gut darüber nach, welche Kleidung Sie tragen, denn dies kann ein Faktor sein, der über Ihren Erfolg in der Geschäftswelt entscheidet. Wählen Sie die Geschäftskleidung aus, die zu Ihrer Branche und den Bereichen passt, mit denen Sie zu tun haben. Was die Geschäftskleidung in Ihrer Branche betrifft, so kann es nötig sein, dass Sie sich mehr oder weniger als für Sie normal stylen, um zu den Menschen zu passen, mit denen Sie gern Geschäfte machen möchten. Falls Sie unsicher sind, was Sie anziehen sollen, ist es angebracht, danach zu fragen, da Sie damit Ihr Interesse bekunden, dass Sie gern dazugehören und eine Teamplayerin sein möchten.

Geschäftsfrauen sind oft unsicher, was sie anziehen sollen, weil der Dresscode in den verschiedenen Geschäftskulturen in den USA und in anderen Ländern variiert. Um die Sache noch zu verkomplizieren, bestimmt jede Firma ihre Kultur anhand individueller Vorgaben zum Thema Verhalten, Protokoll und Stil. In den USA unterscheiden wir grob drei Arten der Unternehmenskultur, und in jeder davon gilt ein eigener Dresscode. Die drei Arten sind die *konservative, die moderne* und die *unstrukturierte* Unternehmenskultur.

Die erste Art von Unternehmensdschungel ist der *konservative*. Das Typische an diesem Dschungel ist ein aristokratischer Führungsstil. Das Umfeld strömt Konservatismus aus und bei den etablierten Mustern tut man sich schwer mit Veränderungen. Die Atmosphäre ist oft ruhig. Die Büros sind tendenziell gut durchdacht und traditionell eingerichtet. Die Stimmung ist ernst. Beispiele hierfür sind alteingesessene Anwaltskanzleien, Banken und stark strukturierte Blue-Chip-Unternehmen.

Konservative Mitarbeiter sind geschäftsmäßig. Der konservative Dresscode ist eher förmlich. Frauen tragen wahrscheinlich Kostüme in Marine, Schwarz oder Beige. Blazer werden eher mit Röcken als mit Kleidern oder Hosen kombiniert. Die Rocklänge ist im Allgemeinen etwas unterhalb des Knies oder auf Kniehöhe, aber selten darüber. Andere Farben dürfen getragen werden, besonders Rot, da Rot und Schwarz als die ultimativen Farben der Macht gelten. Je höher die Qualität der Stoffe, desto größer kann die Bandbreite an Kostümfarben sein. Wenn Sie sich in diesem Dschungel befinden, wählen Sie einfache, gut geschnittene Kostüme oder Kleider und keine heiklen kapriziösen Stücke. Achten Sie darauf, dass Unterwäsche nicht zu sehen ist und die Kleidung nicht am Körper klebt. Wenn Frauen in der konservativen Geschäftskultur kräftige Farben tragen, dann meist in Form eines Tuchs oder einer Bluse mit zugeknöpftem Ausschnitt. Die Blusen sind aus Baumwolle oder Seide und meistens weiß oder pastellfarben.

Die Schuhe sind meistens geschlossen und haben 2,5 bis 5 Zentimeter hohe Absätze. Die Strumpfhosen oder Nylonstrümpfe sollten einwandfrei (ohne Laufmaschen) und von konservativer Farbe sein und zu den Schuhen passen (keine hellen Strümpfe zu dunklen Schuhen). Das Make-up ist sparsam – etwas Mascara, kein farbiger Lidschatten, zartes Rouge, Puder und wenig Lippenstift.

Das Haar ist meist kurz. Ist es lang, wird es aus dem Gesicht getragen und festgesteckt. Statt einer oder zusätzlich zu einer schlichten Handtasche, die für gewöhnlich klein ist und eine zu den Schuhen passende dunkle Farbe hat, wird oft eine leichte Aktentasche oder eine Präsentationsmappe aus Leder getragen. Der Schmuck ist hochwertig und nicht protzig. Die Frauen tragen oft Perlen, Goldketten, Ohrringe, die nicht herunterbaumeln, und Armreife, die keine

Geräusche machen. Sie sollten kein sichtbares Piercing haben (also kein Nasenpiercing, Augenbrauenpiercing und Ähnliches). Das Parfüm sollte so dezent sein, dass es nur wahrgenommen wird, wenn man sich in der intimen Distanzzone befindet, das heißt sehr dicht beieinander steht.

Die zweite Art von Unternehmensdschungel ist die *moderne Geschäftskultur*. Das Management im modernen Dschungel wird durch den Teamgedanken charakterisiert. Das Umfeld scheint offen für neue Ideen und strömt Selbstvertrauen aus. Die Möbel sind eher lackiert und modern. Die ausgestellten Kunstwerke sind farbenfroh. Die Bürotüren stehen im Allgemeinen offen. Beispiele hierfür sind Consultingfirmen, Architekturbüros und Werbeagenturen.

Die Mitarbeiter wirken freundlich, umgänglich und hilfsbereit und treffen sich oft auch nach Feierabend. Zur Businesskleidung in der modernen Unternehmenskultur gehören Kostüme mit etwas mehr Farbe und relaxtem Styling oder bequeme Hosen und sportliche Blazer und Kleider. Die Schuhe dürfen höhere Absätze oder Keilabsätze haben und auch vorn offen sein, aber es dürfen keine Sandalen sein. Farblich beschränken sich die Schuhe im Allgemeinen auf dunkle oder neutrale Farben. Die Beine dürfen nackt sein, besonders wenn die Schuhe vorne offen sind. Die Strümpfe passen farblich zu den Schuhen. Dunkle Strümpfe sind kaum oder gar nicht gemustert. Die Aktentaschen dürfen aus Mikrofaser oder Leder sein. Die Handtaschen sind schick, aber meistens frei von Applikationen. Das Make-up ist raffiniert und darf hier, im Gegensatz zur konservativen Kultur, auch ein wenig schimmern. Das Parfüm ist dezent und kaum wahrnehmbar. Das Haar ist gut frisiert, liegt eng am Kopf an und ist fixiert, egal, ob lang oder kurz. Der Schmuck ist eher elegant.

Der dritte und chaotischste der Dschungel ist der unstrukturierte. Die *unstrukturierte Geschäftskultur* ist geprägt von einem demokratischen Führungsstil, und weil sie weniger strukturiert ist, ist sie auch schwieriger zu fassen. Die Erscheinungsformen können sehr unterschiedlich sein. Vielleicht handelt es sich um eine neue Firma, die ihre Struktur und ihren Managementansatz noch nicht definiert hat. Die Regeln sind weniger klar definiert, und der Geräuschpegel kann laut sein und vielleicht ist Musik zu hören. Es kann auch sein, dass die Bürozeiten nicht genau festgelegt sind. Die Büroausstattung hat nicht oberste Priorität, und es kann sein, dass die Möbel, die durchaus auch vom Dachboden stammen können, nicht zueinanderpassen, weil hier alte und neue Stile aufeinandertreffen und das Unternehmen noch im Wachstum ist. Beispiele hierfür sind Start-up-Unternehmen, deren Firmensitz eine Garage ist, oder eine Firma, die vom Gästezimmer aus geleitet wird.

Mitarbeiterinnen in unstrukturierten Geschäftskulturen dürfen in bequemer Freizeitkleidung erscheinen. Sie tragen keine Kostüme oder Blazer, sondern lieber lange Hosen, Jeans oder witzige Kleider. Bei den Schuhen ist alles erlaubt: egal, ob Sandalen, Stilettos oder Stiefel und egal, in welcher Farbe. Die Beine sind oft nackt. Die Strümpfe dürfen farbig und gemustert sein. Die Frauen tragen selten Aktentaschen, aber dafür Shopper, Umhängetaschen, Taschen aus geprägtem Leder und Stofftaschen mit Applikationen. Auf Make-up wird entweder ganz verzichtet oder es ist sehr kräftig. Sie können mehrere Piercings haben. Das Parfüm oder Eau de Cologne darf ruhig deutlich zu riechen sein. Die Accessoires sind modisch, groß und dürfen herabbaumeln.

Das Wichtigste ist, dass Sie sich bei der Kleiderwahl für Ihren speziellen Dschungel daran erinnern, dass die Kleidung in der Geschäftswelt dem gleichen Zweck dient wie ein Buchumschlag. Kleider sind Instrumente zum Aussenden von Botschaften. Wenden Sie Psychologie an. Lassen Sie Ihre Kleidung ein Spiegel sein für die, die Sie sind, und die Tätigkeit, die Sie ausüben können. Im Zweifelsfall lieber nachfragen, und falls es niemanden gibt, den Sie fragen könnten, ziehen Sie sich lieber zu förmlich an. Beim Kauf von Businesskleidung ist Qualität wichtiger als Quantität. Der beste Ratschlag für die Outfitwahl für einen bestimmten Dschungel ist folgender: *Kleiden Sie sich nicht für den Job, den Sie haben, sondern für den Job, den Sie wollen!* Sie müssen unbedingt so aussehen, als wären Sie dieser Position gewachsen. Es stimmt: „Nur Vögel mit den richtigen Federn dürfen ins Nest."

Hinweis: *Das Verständnis dessen, was „Business Casual" bedeutet, ist in der konservativen, modernen und unstrukturierten Geschäftskultur jeweils unterschiedlich. Doch gehören zum legeren Bürooutfit auf jeden Fall:*

- Ein gepflegtes Erscheinungsbild, gewaschene Haare und saubere Fingernägel eingeschlossen
- Kleidung in gutem Zustand
- Gepflegte, für die jeweilige Position angemessene Schuhe
- Angemessene Strumpfwaren und Socken

Das Pendel schwingt bei den Modetrends, wie bei allen Dingen, hin zu beiden Extremen und dann zurück zur Mitte. Viele Firmen überdenken ihre in den 1990er-Jahren initiierten Business-Casual-Dresscodes, polieren sie auf oder schaffen sie komplett ab, nachdem ihnen die Schattenseiten legerer Kleidung klargeworden sind. Laut einer von der Arbeitsrechtskanzlei Jackson Lewis durchgeführten Studie verzeichneten 44 Prozent der 1.000 befragten Firmen nach der Einführung einer legeren Kleidungspolitik eine Zunahme an unpünktlichem Erscheinen, unentschuldigtem Fernbleiben und „kokettem Verhalten". Eine Abstimmung des Incomm Center for Research and Sales Training ergab, dass weniger als die Hälfte der Messebesucher positiv auf Verkaufspersonal in legerer Kleidung

reagierte, während 86 Prozent positiv auf Personal in Geschäftskleidung reagierten. Diese Statistiken unterstreichen, wie wirtschaftlich
sinnvoll die derzeitige Rückkehr vieler Firmen zu einem formellen
Kleidungskodex bei denen ist, die täglich mit Kunden zu tun haben.
So sehr wir uns auch bemühen, wir können die Wahrnehmung der
anderen nicht verändern. Die Wahrnehmung ist die Wirklichkeit. Legere Kleidung sendet unterbewusst die Botschaft, dass die Person
an sich selbst, ihre eigene Bequemlichkeit und ihren eigenen Nutzen
denkt. Businesskleidung dagegen signalisiert, dass frau alles unter
Kontrolle hat, sich auf das Geschäft und den Kunden konzentriert
und darauf, wie sie ihm zu Diensten sein kann.

Sie müssen wie ein Profi aussehen, wenn Sie als Profi wahrgenommen werden möchten. Selbst da, wo sich die Regeln geändert haben, bleibt eine Sache bestehen: die Notwendigkeit, professionell,
souverän und kompetent auszusehen. Sie müssen immer wie ein
Profi aussehen, und denken Sie daran, dass Männer eine gewisse
Veranlagung haben. Ein schickes Business-Outfit mit einem tiefen
Ausschnitt oder schmaler Passform an der Hüfte mag in Ihren Augen oder in den Augen anderer Frauen nicht sexy wirken. Doch die
zweibeinigen Männchen im Unternehmensdschungel werden Sie
genauso sehen wie die vierbeinigen Männchen die Weibchen im
echten Dschungel sehen. Männer sind visuelle Wesen.

Verlieren Sie nicht an Einflusskraft, indem Sie aus dem Blick verlieren, wie die Wahl Ihrer Kleidung die Wahrnehmung anderer be-
einflusst. Shaunti Feldhahn, Autorin von *The Male Factor: The
Unwritten Rules, Misperceptions, and Secret Beliefs of Men in the
Workplace* (etwa: Faktor Mann: Die ungeschriebenen Regeln, Fehl-
einschätzungen und geheimen Ansichten von Männern am Arbeitsplatz), führte eine Studie durch, um zu testen, wie unterschiedlich
Männer und Frauen Kleidung wahrnehmen. Sie fragte männliche
und weibliche Büroangestellte, was sie denken, wenn sie eine Frau

sehen, die figurbetonte Kleidung trägt. Sechsundsiebzig Prozent der befragten Männer glauben, dass die Frau gern hätte, dass die Männer in ihrer Nähe ihren Körper ansehen, während nur 23 Prozent der befragten Frauen dem zustimmten.

Berücksichtigen Sie bei der Wahl der angemessenen Kleidung, die Ihnen dabei helfen soll, die von Ihnen beabsichtigte Botschaft auszusenden, den Treffpunkt, die Situation, das Alter und die Kultiviertheit der Geschäftsleute, mit denen Sie interagieren. Sollten Sie sich für legere Businesskleidung entscheiden, denken Sie daran, dass „Business" immer an erster Stelle kommt und „Casual" erst an zweiter. Ziehen Sie sich lieber zu förmlich an. Der „Casual Friday" ist nicht gut für Ihre Einflusskraft. Er vergrößert die Unterschiede in der Art, wie Männer und Frauen wahrgenommen werden. Männer haben den Vorteil, dass sie Khakihosen und kurzärmelige Hemden tragen können und dabei immer noch ein bisschen so aussehen, als hätten sie etwas zu sagen. Frauen in legerer Kleidung senden oft die Botschaft aus, dass sie nichts zu sagen haben.

Frauen laufen Gefahr, die Botschaft auszusenden, dass sie mehr Interesse an Partys haben und dafür auch besser geeignet sind als für eine Führungsrolle, wenn sie Schuhe mit zu hohen Absätzen anhaben, etwas zu starkes oder zu grelles Make-up tragen und so weiter. Was frau im Dschungel tragen sollte, hängt von der Art des Dschungels ab. Nicht alle Firmen und nicht alle Dschungel sind gleich. Der afrikanische Dschungel ist anders als der in Indien und Südamerika. Der Gerichtssaal ist anders als die Vorstandsetage. Sie sollten Ihren Dschungel kennen, bevor Sie hineingehen. Wenn Sie in ein unternehmerisches Milieu hineinpassen wollen, sollten Sie mit dem Umfeld verschmelzen, aber Sie müssen auch wissen, wann es gilt, flexibel zu sein. Der US-amerikanische Dichter Carl Sandburg erzählt die Geschichte vom Chamäleon, das sehr gut mit dem Leben zurechtkam und sich von einem Augenblick zum nächsten seiner Umgebung anpassen konnte, bis es eines Tages eine Decke im Schottenmuster überqueren musste. Es starb am Scheideweg, als es heldenhaft versuchte, alle Farben auf einmal anzunehmen. Sie sollten gegenüber dem Dschungel, in dem Sie sind, Integrität bewahren, aber flexibel genug sein, sich zu ändern, wenn dies nötig ist! Sie brauchen für verschiedene Dschungel verschiedene Instrumente und Fähigkeiten. Denken Sie an das Einmaleins der Planung: Rechtzeitige Vorbereitung verhindert schlechte Ergebnisse. Um im Dschungel erfolgreich zu sein, müssen Sie sich nicht nur selbst kennen, sondern auch die Tiere, ihren Lebensbereich und ihr Verhalten. Bereiten Sie für hochkarätige Geschäftsbeziehungen jedes Detail vor. Bevor Sie irgendwo hingehen, denken Sie über das Wer, Was, Wann, Wo, Warum und Wie nach.

- Wer sind die Teilnehmer?
- Was ist der Zweck?
- Wann werden Sie dort sein?
- Wo werden Sie sein?
- Warum gehen Sie dorthin?
- Wie können Sie Ihre Ziele am effektivsten erreichen?

Wenn Sie sich unsicher darüber sind, wie die typische Businesskleidung einer bestimmten Branche aussieht, wird es sich bezahlt machen, wenn Sie Detektivarbeit leisten. Fragen Sie herum.

Eine große internationale Consultingfirma mit Sitz in Washington, D.C., für die ich gearbeitet habe, verlangte von ihren Consultants, dass sie, wenn sie ein neues Unternehmen als Klienten bekamen, mit dem Auto zu dessen Geschäftssitz fuhren, von draußen beobachteten, welche Kleidung die Leute trugen, die in das Gebäude hineingingen und wieder herauskamen, und sich dann zum Start des neuen Geschäftsverhältnisses genauso anzogen. Die Firma wusste, dass die Leute gern Geschäfte mit denen machen, die sie als ihnen gleich wahrnehmen, und dass man mit ähnlicher Kleidung auf unterschwellige Art Unterschiede minimieren kann. Mit Kleidung können Sie auf einfache Weise unter Beweis stellen, dass Sie in einen bestimmten Dschungel passen. Falls Sie darüber hinaus mal zu einer Veranstaltung gehen und unsicher sind, wie Sie sich kleiden sollen, rufen Sie den Gastgeber an und fragen Sie. Seien Sie nicht schüchtern. Mit Ihrem Anruf zeigen Sie Initiative und demonstrieren, dass Sie in diesen spezifischen Dschungel hineingehören.

KAPITEL FÜNF

Expedition
IN DIE WILDNIS:
Im Dschungel klug unterwegs

Die Welt ist ein Buch. Wer nie reist, sieht nur eine Seite davon.

– St. Augustin

Seien Sie im Dschungel wachsam. Sie wissen nie, wer sich hinterm Busch versteckt. Vermeiden Sie hinterhältige Überfälle von unerwarteten Besuchern und Leuten, denen Sie bekannt sind, die Sie aber nicht wiedererkennen. Sie tauchen aus dem Nichts auf – sie schauen aus dem Nachbarbüro auf einen Besuch vorbei, sitzen in der U-Bahn Ihnen gegenüber und lehnen sich im Flugzeugsitz hinter Ihnen zurück. Damit Sie erreichen, was Sie wollen, brauchen und verdienen, müssen Sie sich selbst komplett unter Kontrolle haben und auch zu allen Zeiten kontrollieren, wie andere Sie wahrnehmen. Ihre Botschaft – dass Sie das Zeug dazu haben, Königin des Dschungels zu sein – muss jeden Tag die gleiche sein. Suchen Sie sorgfältig aus, welchen Lesestoff Sie in der Öffentlichkeit bei sich tragen. Betreiben Sie leichte Konversation. Ziehen Sie sich höflich aus Unterhaltungen zurück, die negativ oder unprofessionell sind. Besprechen Sie niemals vertrauliche Geschäftsinformationen in öffentlichen Verkehrsmitteln.

Erscheinen Sie niemals mit einer Person an einem öffentlichen Ort oder gehen mit ihr von dort weg, die Ihren Ruf beschädigen könnte. Die Dinge sind nicht immer so, wie sie scheinen, aber in der Geschäftswelt wie im wahren Leben ist die Wahrnehmung ziemlich häufig das Gleiche wie die Realität. Daher sollten Sie sich bewusst sein, wie andere Sie wahrnehmen, und zwar von dem Moment an, in dem Sie erscheinen, bis zu dem Moment, in dem Sie wieder gehen.

Laut einer vom Reiseführer-Verlag *Fodor* in Auftrag gegebenen Umfrage gaben 68 Prozent der Befragten an, dass sie sich für Geschäftsreisen und Privatreisen schick anziehen, weil sie dann von den Flughafenmitarbeitern und den Hotelangestellten besser bedient würden. Tragen Sie bequeme Businesskleidung, wenn Sie auf Geschäftsreisen sind. Vermeiden Sie Trainingsanzüge, Jeans, Shorts und T-Shirts und geben Sie sich etwas reserviert.

Verhalten Sie sich beim Reisen respektvoll den älteren Mitgliedern Ihres Dschungels gegenüber, indem Sie ihnen im Flugzeug, Taxi oder Auto den bevorzugten Sitz anbieten. Der bevorzugte Sitz im Auto ist der Platz direkt neben der Bordsteinkante, damit der Fahrgast nicht erst für die anderen Mitfahrer rutschen muss. Im Flugzeug ist es der Platz am Fenster oder am Gang und der Sitz möglichst weit vorn im Flugzeug. Fragen Sie das ältere Mitglied, wenn Sie unsicher sind, welchen Sitz es bevorzugt. Respekt und Höflichkeit werden anerkannt und geschätzt.

KAPITEL SECHS

Wo die
WILDEN WOHNEN:
Die Könige und Königinnen des Dschungels

Zählen Sie bis drei. Stehen Sie auf, ziehen Sie sich schick an und gehen Sie hin, denn Sie wissen nie, wen Sie dort vielleicht treffen.

– Martha Jane Roberts Williams

Es befinden sich überall im Dschungel königliche Hoheiten. Halten Sie nach ihnen Ausschau wie ein starkes Raubtier. Durch Ihr Netzwerk im Dschungel werden Sie an Einfluss gewinnen. Einflussreiche Menschen wissen: Die Masse macht's. Es ist wichtig zu wissen, wo Sie suchen müssen und wie Sie ein starkes Netzwerk kultivieren, das Sie unterstützen und Ihnen beim Erreichen Ihrer Ziele helfen kann.

Früher gab es für Männer exklusive Clubs, die ihnen halfen, die Geschäfte und die Politik zu kontrollieren und auch Bekannte zu treffen und zu neuen Leuten Beziehungen aufzubauen, die sie dabei unterstützten, ihre Ziele zu erreichen. Der Rotary Club, der Jaycees Club, der Kiwanis Club und der Lions Club waren alleinige Domäne der Männer. Ich erinnere mich daran, wie ich meinen Exmann bei einem Rotary-Treffen begleitete, wo ich als „Rotary Ann" begrüßt wurde. Die Clubs verändern sich. Heute werden Frauen in vielen Clubs als geschätzte Mitglieder willkommen geheißen, obwohl das Verwehren der Mitgliedschaft in einigen noch immer Tradition hat. Bemühen Sie sich um die Mitgliedschaft in fortschrittlichen Clubs. Suchen Sie sich Clubs in Ihrer Gemeinde und treten Sie bei, wenn diese Inhalte vertreten, die Sie unterstützen möchten. Ihr Engagement wird es erforderlich machen, dass Sie Zeit investieren, aber das wird Sie zu einem besseren Menschen machen. Nehmen Sie mit der Einstellung an Treffen teil, dass Sie erst geben müssen, bevor Ihnen gegeben wird. Überlegen Sie, auf welche Weise Sie die Menschen, die Sie kennenlernen, unterstützen können. Sie werden die Früchte der Mitgliedschaften, Freundschaft und Kontakte ernten, die Ihr Leben in beruflicher wie in privater Hinsicht bereichern werden.

Denken Sie über gemischtgeschlechtliche Gruppen nach und auch über Frauengruppen. In den USA sind zum Beispiel folgende Vereinigungen[1] breit aufgestellt: American Business Women's Association (ABWA), Association of Junior Leagues International (AJLI), Business and Professional Women (BPW), Executive Women International (EWI), National Association of Female Executives (NAFE), National Association of Women Business Owners (NAWBO) und Nischenverbände wie Women in Agriculture und die Women Lawyers' Association.[2] Alles sind großartige Vereinigungen; es lohnt sich, ihnen beizutreten, um ein Netzwerk zu starten.

Networking-Löwinnen durchstreifen den ganzen Dschungel. Vergessen Sie auch nicht die Kirchengemeinde, den Alumni-Verein der Uni

Anm. d. Ü.: 1) In Deutschland: Bundesverband der Business und Professional Women (BPW) http://www.bpw-germany.de/; Verband deutscher Unternehmerinnen e. V. (VdU). http://www.vdu.de/; Bundesverband der Frau in Business und Management e.V. (B.F.B.M.) http://www.bfbm.de/; **2)** Deutscher LandFrauenverband (dlv) http://www.landfrauen.info/; Deutscher Juristinnenbund http://www.djb.de/

und wie viele Leute Sie bei Eröffnungen von Museums- oder Kunstausstellungen kennenlernen können. Beschränken Sie sich nicht darauf, auf solchen Veranstaltungen nur mit Frauen zu reden oder mit Menschen, die Sie schon kennen. Knüpfen Sie mit jedem Kontakte – mit Jungen, Alten, Männern und Frauen, denn alle Könige und Königinnen sind königliche Beziehungen im Networking-Dschungel. Die Masse macht's, aber nur, wenn Sie sich die Zeit nehmen, aus dem Kontakt eine echte Beziehung zu entwickeln. Einflussreiches Networking braucht seine Zeit, und es lohnt sich, hier zu investieren.

Ihr Networking-Ziel bei Meetings und anderen Veranstaltungen sollte nicht sein, mit so vielen Personen wie möglich zu reden, sondern mit ein bis fünf persönlichen Kontakten wieder zu gehen, bei denen Sie sich die Zeit genommen haben, mehr über diese Menschen zu erfahren. Sie wissen nie, wann Sie jemanden treffen werden, der Ihnen helfen kann, Ihre Ziele zu erreichen.

Geben Sie sich nicht damit zufrieden, dass Sie mit den Leuten interagieren, an die Sie am leichtesten herankommen. Sie müssen außerhalb Ihrer Komfortzone Ausschau halten, denn dort werden Sie eine Fülle neuer Kontakte finden, die Ihrem Erfolg noch mehr Schub geben. Halten Sie immer Ausschau nach neuen Gruppen an neuen Stellen in neuen Dschungeln, denn wenn Sie immer die gleiche Frucht vom selben Baum pflücken, werden Ihnen irgendwann die Früchte ausgehen! Seien Sie in Ihrem Dschungel aktiv, suchen Sie Orte in unterschiedlichen Dschungeln auf, und probieren Sie neue Aktivitäten aus, wohin Sie auch gehen. Sie wissen nie, wen Sie in einem Yogakurs oder bei der Eröffnung einer Museumsausstellung kennenlernen werden. Investieren Sie in jeden Menschen Zeit, auch in Leute, bei denen Sie denken, dass Sie sie niemals wiedersehen werden, denn Sie wissen nie, welche Türen ein neuer Kontakt öffnen kann.

Uns allen gefällt die Vorstellung, dass wir wegen unseres Talents und unserer Fähigkeiten bekommen, was wir wollen, brauchen und verdienen. Doch wir leben nicht in einer idealen und fairen Welt. Oft zählt nicht, was wir wissen, sondern wen wir kennen. Außerdem ist es eine interessante Tatsache, dass ein Großteil des Erfolgs, den ein Mensch hat, häufig nicht auf einer erstrangigen Verbindung beruht, sondern auf einer Verbindung über mehrere Ecken. Mit anderen Worten: Jemand, den wir kennen, kennt jemanden, der jemanden kennt, der uns helfen kann. Um einflussreich zu sein, brauchen Sie Verbindungen. Bauen Sie ein starkes Netzwerk auf, um eine einflussreiche Networking-Löwin zu werden.

Laut Richard Wiseman, Professor an der University of Hertfordshire in England, sind Ihre Chancen umso größer, je größer Ihr Netzwerk ist. Seine Studien belegen, dass ein Mensch im Durchschnitt zirka 300 Leute persönlich kennt. Er schließt daraus, dass Sie, wenn Sie eine Veranstaltung besuchen und jemand Neues kennenlernen „mit nur zwei Handschlägen mehr als 300 mal 300 Leute kennenlernen könnten. Das sind 90.000 neue Möglichkeiten und Chancen nur durch Hallo-Sagen." Wenn der Yogakurs oder die Eröffnung der Museumsausstellung, zu der Sie gehen, 50 Besucher anlockt, müssten Sie sich nur einige Male mit anderen bekanntmachen, um Millionen von Menschen zu kennen, die Ihnen vielleicht helfen können zu bekommen, was Sie wollen, brauchen und verdienen.

Ihr Netzwerk wird austrocknen und eingehen, wenn Sie es nicht füttern. Menschen sind genauso wie Tiere, die man streicheln und füttern muss. Pflegen Sie Ihre Kontakte, indem Sie die Menschen, die Sie kennenlernen, wissen lassen, dass sie Ihnen am Herzen liegen und wichtig sind. Schreiben Sie persönliche Nachrichten, laden Sie Personen in Ihrem Netzwerk auf einen Kaffee oder eine Runde Golf ein. Der dänische Komiker Victor Borge hatte recht: „Man sollte die Leute einmal im Jahr besuchen."

KAPITEL SIEBEN

Beim
BETRETEN
DES DSCHUNGELS:
Nur nichts überstürzen!

*Ihre Manieren werden ständig begutachtet von Gremien,
von denen Sie es gar nicht erwarten würden, und die Ihnen dann
entweder einen großartigen Preis verleihen oder vorenthalten.*

– Ralph Waldo Emerson

Wenn Sie zu einer Veranstaltung eingeladen sind, haben Sie als Erstes die Pflicht, darauf zu reagieren. Reagieren Sie auf jede Einladung. Wenn Sie telefonisch eingeladen werden, können Sie auch übers Telefon Bescheid geben. Wenn Sie eine förmliche Einladung erhalten, schicken Sie eine förmliche Antwort zurück.

Versäumen Sie es, auf eine Einladung zu reagieren, demonstrieren Sie damit einen Mangel an Respekt. Isolieren Sie sich nicht von der Möglichkeit Einfluss zu nehmen, noch bevor Sie an Ort und Stelle sind. Oft sind gesellschaftliche Kontakte der Grund für solche Geschäftsveranstaltungen. Viele Teilnehmer empfinden Angst bei dem Gedanken, sich in einem Raum voller Menschen aufzuhalten, egal, ob sie die anderen Teilnehmer kennen oder nicht. Geschäftliche und gesellschaftliche Veranstaltungen sind Orte, an denen Sie mit vielen Leuten Kontakt aufnehmen können – und keine Orte für tiefsinnige Gespräche mit einigen wenigen. Die meisten Unterhaltungen dauern sieben bis acht Minuten; das heißt, Sie werden vielleicht mehr Menschen die Hände schütteln, aber wahrscheinlich nur Zeit für sieben bis acht Unterhaltungen pro Stunde haben.

Sie müssen grundlegende Fähigkeiten beherrschen, damit Sie Ihre Wirkung bei solchen Geschäftschancen maximieren können. Wenn Sie auf korrekte Art einen Raum betreten, sich gut einführen und gute Gespräche führen, wird Ihnen das helfen, Geschäftsmöglichkeiten auf sich zu lenken, zu entwickeln und zu bewahren.

Tragen Sie ein Namensschild, wenn es Namensschilder gibt. Tragen Sie Ihres oben rechts unterhalb der Schulter, damit die Personen, denen Sie begegnen, es leicht lesen können. Beim Händeschütteln geben sich die Leute die rechte Hand, daher geht die natürliche Blickrichtung zur rechten Schulter. Wenn möglich, sollten Sie ein, zwei Wörter über sich unterhalb Ihres Namens ergänzen (Firma, Stadt und so weiter). Dieser Informationshappen hilft anderen Sie kennenzulernen und kann ein Sprungbrett für eine Unterhaltung sein.

Betreten Sie Ihren Dschungel mit einer Absicht und behalten Sie die Kontrolle über sich. Die meisten Menschen betreten den Arbeitsplatz, die Firma oder gehen zu einer gesellschaftlichen Veranstaltung, ohne vorher Pläne für eine erfolgreiche Interaktion zu schmieden. Schreiten Sie durch die Tür, treten Sie dann an die Seite und aus dem Weg. Halten Sie inne und sehen Sie sich im Raum um. Halten Sie Ausschau nach dem Großwild – den wichtigen Personen, mit denen Sie sprechen müssen, darunter der Gastgeber, ein Ehrengast oder ein hochrangiger Beamter.

Vermitteln Sie den Eindruck, dass Sie ansprechbar sind, behalten Sie eine gute Körperhaltung bei und machen Sie ein freundliches Gesicht. Wenige Leute werden das bemerken, wenn aber doch, umso besser, denn dies ist die korrekte Art, einen Raum zu betreten. Senken Sie Ihre Stimme, wenn Sie den Raum gemeinsam mit anderen Personen betreten, mit denen Sie vielleicht bereits ins Gespräch vertieft sind. Laute Plauderer senden unterbewusst die Botschaft aus, dass sie ein geringes Selbstwertgefühl haben oder nach Aufmerksamkeit heischen.

Gibt es ein Empfangskomitee, gehen Sie frühzeitig hin. Wenn Sie rechtzeitig eintreffen, brauchen Sie Ihre Zeit nicht mit langem Anstehen zu vergeuden, um Ihren Gastgeber und alle Ehrengäste zu begrüßen, die Sie auf jeden Fall gleich nach dem Eintreffen begrüßen sollten. Ein Empfangskomitee wird aus Höflichkeit eingerichtet, um es Ihnen leicht zu machen, die Personen zu begrüßen, denen Sie Ihre Aufwartung machen müssen. Sie müssen an diesen Leuten vorbei.

Verzichten Sie darauf zu essen und zu trinken, bis Sie die Gastgeber begrüßt haben, auch dann, wenn Sie sie nicht kennen. Traditionell geht die Frau vor ihrer männlichen Begleitung am Empfangskomitee vorbei. Es ist angebracht, dass die Frau sich selbst vorstellt. Wenn Sie auf die Veranstaltung einen Gast mitbringen, gehen Sie Ihrem Gast voraus und stellen Sie Ihren Gast der Gastgeberin vor, die Sie wiederum dem Ehrengast vorstellt. Männer gehen nur dann vor den Frauen am Empfangskomitee vorbei, wenn die Veranstaltung im Weißen Haus stattfindet, auf einem Campus mit nur männlichen Studierenden oder auf einer militärischen Veranstaltung, wenn der Mann auf der Gästeliste steht und die Frau nicht.

Sie werden selbst nach dem Ehrengast, Ihrem Chef und Ihrem Gastgeber suchen müssen, wenn es kein Empfangskomitee gibt. Warten Sie auf eine Gesprächspause, wenn Sie sich einem Ehrengast nähern, der von vielen Menschen umgeben ist, und sagen Sie dann etwas wie „Entschuldigung, ich würde mich gern vorstellen und Guten Tag sagen ..." Achten Sie darauf, dass Sie den Ehrengast oder den Chef, der generell sehr gefragt ist, nicht vereinnahmen. Drücken Sie dem Gastgeber und allen Ehrengästen (kräftig) die Hand und sagen Sie, dass Sie sich freuen, auf der Veranstaltung sein zu dürfen. Es ist nicht nötig, dass Sie lange Gespräche führen, denn auch andere Gäste werden darauf warten, Guten Tag sagen zu dürfen. Pünktliches Erscheinen hat auch den Vorteil, dass Sie für den Aufbau und den Erhalt Ihres Netzwerks bei der Veranstaltung das Optimum herausholen können.

Suchen Sie sich die Personen aus, mit denen Sie gern sprechen würden, wenn Sie Zeit dazu finden. Finden Sie heraus, ob Sie die Leute auf der Liste schon mal getroffen haben und sich an das, was Sie über sie wissen, erinnern können, während Sie sich auf eine Unterhaltung mit ihnen vorbereiten. Bitten Sie die anderen, Ihnen zu verraten, was sie über die eintreffenden Gäste wissen, die Sie noch nicht kennen. Es ist völlig in Ordnung, Ihren Gastgeber oder den Veranstalter anzurufen, um zu fragen, wer kommt. Dies zeigt Ihr Interesse an den anderen Gästen. Es wird Ihnen bei Ihren Unterhaltungen helfen. Viele Geschäftsleute, die ich kenne, bereiten sich auf ihre Begegnung mit anderen vor, indem sie die Namen der Leute googeln, die sie gern kennenlernen würden.

Der Grund dafür, dass Sie auf solche Geschäftsveranstaltungen gehen, ist, dass Sie Leute kennenlernen und begrüßen möchten, also sollte die Futtersuche eine untergeordnete Rolle spielen – oder Sie essen vorher etwas! Sie werden aussehen wie eine wiederkäuende Kuh, wenn Sie mampfend in der Gegend herumstehen. Wenn Sie essen wollen, holen Sie sich einen Teller und beginnen Sie am Anfang des Büffets. Laden Sie sich den Teller nicht zu voll. Nachdem Sie Ihren Teller befüllt haben, suchen Sie sich einen Tisch. Setzen Sie sich zum Essen hin. Wenn Sie noch einen Nachschlag vom Büffet wollen, holen Sie sich einen sauberen Teller und stellen Sie sich wieder an den Anfang der Büffetschlange; drängeln Sie sich nicht vor, auch wenn Sie von etwas ganz Bestimmtem einen Nachschlag wollen. Ist kein Kellner vor Ort, um Ihren Teller wegzuräumen, sehen Sie sich nach einem Serviertisch um, auf den Sie Ihren schmutzigen Teller stellen können. Ein Serviertisch ist ein Beistelltisch, der komplett leer ist und meist am Rand eines Raumes steht. Wenn Sie an einem Tisch ankommen, sprechen Sie jeden an, der am Tisch sitzt. Gehen Sie um den Tisch herum, um sich denen vorzustellen, die Sie nicht kennen. Dies wird Sie als eine Person auszeichnen, die weiß, was sich gehört. Wenn Sie sich so verhalten, wird man Sie als Führungspersönlichkeit wahrnehmen. Nennen Sie Ihren Namen und werfen Sie für die Gäste an Ihrem Tisch ein paar kleine Gesprächsköder aus. Drücken Sie jedem fest die Hand und sehen Sie dem Betreffenden dabei in die Augen. Wenn Sie schon sitzen, stehen Sie auf, um neue Gäste an Ihrem Tisch zu begrüßen. Ein Gastgeber, der eine Sitzordnung geplant hat, zeigt dies vielleicht durch Platzkarten an. Vertauschen Sie die Karten nicht. Setzen Sie sich auf den Platz, der laut Platzkarte für Sie vorgesehen ist. Gute Gäste verhalten sich nicht rüpelhaft. Sie machen mit bei den angebotenen Aktivitäten. Lernen Sie tanzen, wenn Sie das noch nicht können. Es interessiert niemanden, wenn Sie nicht gut tanzen können. Stehen Sie auf, tanzen Sie und amüsieren Sie sich. Lachen Sie über sich selbst, und andere werden mit Ihnen lachen und Sie dafür mögen, dass Sie sich nicht zu ernst nehmen. Schließlich müssen Sie am Ende der Veranstaltung nach dem Gastgeber suchen, um ihm zu danken und dabei *noch eins draufzusetzen. Eins draufsetzen* heißt, dass Sie neben Ihrem Dank noch eine Sache erwähnen, die Ihnen an der Veranstaltung besonders gefallen hat. Zum Beispiel: „Vielen Dank für die Einladung. Mit der fabelhaften Band hat das Tanzen unheimlich Spaß gemacht!"

DEINE EIGENEN WORTE sind die Ziegel
und der Mörtel der Träume, die du verwirklichen willst.
Deine Worte sind deine größte Macht.
Die Worte, die du wählst und benutzt, bestimmen
das Leben, das du erlebst.

– Sonia Choquette

KAPITEL ACHT

Sprechen
SIE MIT DEN TIEREN
Was frau sagt und wie sie es sagt

Stellt euch mal vor, ich könnte mit den Tieren sprechen:
Schimpansisch mit Schimpansen, Tigerisch mit Tigern …
Das wäre in der Tat eine Errungenschaft!

– Doktor Dolittle

Der wichtigste Teil des Kennenlernen- und Begrüßungsrituals ist das sogenannte Vorstellen. Bei gesellschaftlichen Zusammenkünften verläuft das Vorstellen anders als bei geschäftlichen. Im gesellschaftlichen Kontext ist das Vorstellen geschlechterspezifisch (wobei der Frau entsprechend Ehrerbietung entgegengebracht wird), wogegen der Vorstellungsritus im geschäftlichen Kontext nach Rang erfolgt. Die Ausnahme von der verbindlichen Regel im gesellschaftlichen und im geschäftlichen Protokoll greift dann, wenn Mitglieder des Klerus, Botschafter, Staatsoberhäupter und königliche Hoheiten vorgestellt werden. Unter solchen Umständen wird diesen Amtspersonen der meiste Respekt gezollt, und die Frau sollte ihnen vorgestellt werden, zum Beispiel: „Herr Bischof, ich möchte Sie gern bekanntmachen mit Frau Dr. Madeline Moss".

Beim korrekten Vorstellen wird immer der Name genannt. Außerdem gehören oft auch weitere Teile der Anrede dazu wie mit dem Beruf verbundene Titel oder der Personenstand, zum Beispiel: Dr., Herr, Frau, Professor, Präsident, Richter, Botschafter und Ähnliches. Titel wie Senator, General und Richter behält man sein Leben lang. Es liegt an Ihnen, ob Sie die Anrede beim Vorstellen weglassen oder nicht, aber den Namen zu nennen ist Pflicht. Wenn Sie bei der Vorstellung der einen Person die Titel anführen, gehört es sich, dass Sie dies bei der anderen Person auch tun. So wäre es zum Beispiel korrekt, zwei Personen so vorzustellen: „Frau Richterin Sharp, ich möchte Sie gern mit Frau Dr. Roberts bekanntmachen." Alternativ könnten Sie die beiden Frauen aber auch so vorstellen: „Frau Sharp, ich möchte Ihnen gern Frau Roberts vorstellen."

Sie sollten Leute in einem rein geschäftlichen Rahmen auf dieselbe Weise ansprechen, wie Sie dies in einem gemischt geschäftlichen/gesellschaftlichen Rahmen tun. Wenn Sie zum Beispiel Ihren Chef im Büro mit „Herr" anreden, sollten Sie dies auch weiterhin tun, auch wenn in der Einladung, die Sie bekommen haben, sein Vorname stand. Ihr Ehepartner sollte Ihren Chef und den Ehepartner Ihres Chefs mit Titel und Nachname anreden, wenn dies in Ihrem Büro so Usus ist.

Werfen Sie Gesprächsköder aus, um den Einstieg in die Unterhaltung zu erleichtern. Zu den mit dem Vorstellen verbundenen Ködern gehören Informationen über die Art von Fällen, die Richterin Sharp verhandelt, und die Art von Medizin, die Frau Dr. Roberts praktiziert, wo sie beide herstammen, welche Hobbys sie haben oder woher der Vorsteller die beiden kennt.

Stellt sich jemand selbst vor, wird er für gewöhnlich seine Titel weglassen und stattdessen eher einen Gesprächsköder in Form einer Information über den Beruf auswerfen. Zum Beispiel könnte sich Dr. Roberts folgendermaßen vorstellen: „Guten Tag, ich bin Martha Roberts, Orthopädin aus Atlanta." Die korrekte Antwort hierauf wäre: „Guten Tag, Dr. Roberts. Ich bin Susie Sharp aus Raleigh in North Carolina, ich bin Bezirksrichterin." Dr. Roberts könnte darauf sagen: „Bitte nennen Sie mich Martha." Richterin Sharp könnte sagen: „Bitte nennen Sie mich Susie."

Überlappungen zwischen gesellschaftlichen und geschäftlichen Zusammenkünften sind unvermeidbar, daher ist es ratsam zu wissen, wie Leute in den unterschiedlichsten Rahmen und Situationen korrekt vorgestellt werden. Doch zunächst müssen Sie, wenn Sie auf einen Freund treffen, der bei einer Gruppe von Ihnen unbekannten Personen steht, den ersten Schritt tun und sich vorstellen.

Vorstellungsrituale im gesellschaftlichen Kontext

Sich selbst vorstellen

Stehen Sie auf. Sehen Sie Ihrem Gegenüber in die Augen, strecken Sie Ihre Hand aus und drücken Sie der anderen Person kräftig die Hand, sagen Sie Ihren Namen und erzählen Sie etwas über sich, zum Beispiel: „Guten Tag, ich bin Jane Hight McMurry aus Wilmington in North Carolina und Referentin hier auf dem Kongress."

Geben Sie jedem das Gefühl wichtig zu sein, indem Sie beim Vorstellen wichtige Informationen über die jeweilige Person zur Verfügung stellen. Wenn Sie bei jeder Vorstellung verraten, welche Interessen und besondere Talente die Person hat, aus welcher

Stadt sie stammt oder sogar welche Schule sie besucht hat, entsteht eine Grundlage für Small Talk. Zum Beispiel so: „Marie, ich würde dich gern meiner Freundin von der Swiss Bank in Zürich vorstellen, Terri Haywood. Terri hat als Skirennfahrerin an Olympischen Spielen teilgenommen und hat ein witziges Hobby – die Zauberei!" Aus einer solchen Vorstellung können Gespräche über verschiedene Themen erwachsen – Olympia, Skifahren, die Schweiz, das Bankwesen und die Zauberei.

Fünf Regeln für korrektes Vorstellen im gesellschaftlichen Rahmen

1. *Stellen Sie einer wichtigen Person eine weniger wichtige Person vor.*
   Nennen Sie den Namen der älteren, wichtigeren Person oder der Frau zuerst und ergänzen Sie dann einen der folgenden Sätze: „Ich möchte Ihnen gern ... vorstellen", „Ich möchte Sie gern bekanntmachen mit ...", „Darf ich Ihnen ... vorstellen" oder einfach „Das ist" gefolgt vom Namen der Person, die vorgestellt wird. Zum Beispiel: „Gouverneur Goodman, ich möchte Sie gern mit Gordon Upshaw bekanntmachen. Er hat gerade sein Studium am MIT abgeschlossen. Er ist Software Designer und lebt jetzt in Chicago."

2. *Stellen Sie einer Frau einen Mann vor.*
   Stellen Sie der Frau den Mann vor, wenn sie gleichaltrig sind. Nennen Sie den Namen der Frau. Zum Beispiel so: „Sarah/Frau Lewtas, ich möchte dich/Sie gern mit meinem Freund George Harris bekannt machen, er ist Radiomoderator und Schriftsteller und kommt aus Sarasota. George, Sarah Lewtas ist Chefköchin und kommt aus Seattle."

3. *Stellen Sie einer älteren Person eine jüngere Person vor.*
   Sagen Sie zunächst den Namen der älteren Person. Verwenden Sie eine Anrede als Zeichen der Ehrerbietung. Zum Beispiel so:

„Frau Allen, ich möchte Ihnen gern meine Nachbarin aus Henderson vorstellen, Barbara Maloy. Barbara, das ist Frau Allen. Unsere Väter waren Freunde in Vance County."

4. *Stellen Sie einer Gruppe eine neue Freundin vor.*
   Sagen Sie zunächst den Namen der neuen Freundin. Zum Beispiel so: „Eleanor, ich möchte dir gern meine Freunde vorstellen." Stehen Sie auf, sagen Sie der Gruppe, dass dies Eleanor Wilkins ist, und nennen Sie dann die einzelnen Mitglieder der Gruppe bei Namen, oder diese können sich Ihrer Freundin auch selbst vorstellen.

5. *Stellen Sie einem Familienmitglied jemanden vor, der nicht zur Familie gehört.*
   Hier hat die andere Person Vorrang – außer, wenn es sich um ein Kind handelt, das eine Mutter oder einen Vater vorstellt.

Vorstellungsrituale im geschäftlichen Kontext

Drei Regeln für korrektes Vorstellen im geschäftlichen Rahmen

1. *Stellen Sie einem älteren Firmenmitglied ein jüngeres Mitglied der Firma vor.*
   Nennen Sie zunächst den Namen des älteren Firmenmitglieds.

2. *Stellen Sie jemandem aus einer anderen Firma jemanden aus Ihrer Firma vor, …*
   und zwar auch dann, wenn es sich bei der Person aus Ihrer Firma um den CEO handelt. Einem bestehenden Kunden und auch einem zukünftigen wird immer Respekt gezollt.

3. *Stellen Sie Informationen zur Verfügung, um den Gesprächseinstieg zu erleichtern.*
   Erwähnen Sie zum Beispiel, welche Interessen und besonderen Talente die vorgestellte Person hat, aus welcher Stadt sie stammt

oder sogar welche Schule sie besucht hat. Damit haben Sie eine Grundlage für Small Talk. Zum Beispiel so: „Frau Bitler, ich würde Ihnen gern meinen Studienfreund Edmond Talley vorstellen. Er ist Redakteur einer Naturfreunde-Zeitschrift aus Montreal in Kanada." Aus einer solchen Vorstellung können Gespräche über verschiedene Themen erwachsen – Natur, Schreiben, Studium, die Stadt Montreal und das Land Kanada!

Eine idiotensichere Methode für korrektes Vorstellen im geschäftlichen wie im gesellschaftlichen Kontext ist die Verwendung der folgenden Formel: Sagen Sie zunächst den Namen derjenigen Person, der der meiste Respekt entgegengebracht wird, gefolgt von dem Satz „Ich möchte Ihnen gern ... vorstellen", wobei Sie hier den Namen der Person nennen, die vorgestellt wird. Denken Sie daran: Wenn Sie die Vorstellung vermasseln, ist das verzeihlich, die Vorstellung zu umgehen, ist es nicht.

Die richtige Reaktion auf eine Vorstellung

- Antworten Sie nicht mit einem einfachen „Hallo" oder „Guten Tag".
- Stehen Sie auf, strecken Sie Ihre Hand aus, lächeln Sie, beugen Sie sich zur betreffenden Person vor und sagen Sie: „Hallo/ Guten Tag _____. Wie geht es Ihnen?" Manche Menschen sagen lieber: „Freut mich, Sie kennenzulernen." Die traditionelle Antwort darauf ist: „Guten Tag." Es ist hilfreich, wenn Sie etwas Persönliches hinzufügen können.
- Wiederholen Sie immer den Namen Ihres Gesprächspartners.
- Bitten Sie ihn sofort darum, seinen Namen zu wiederholen, wenn Sie diesen nicht richtig verstanden haben oder nicht sicher sind, wie er ausgesprochen wird.

Merktechniken bei Namen

Strengen Sie sich an, sich die Namen der Personen zu merken, die Sie kennenlernen. Tun Sie dies, indem Sie zunächst aufpassen, wenn der neue Name bei der Vorstellung genannt wird. Hören Sie gut zu, und wenn Sie den Namen nicht richtig verstanden haben, bitten Sie den Gesprächspartner ihn zu wiederholen. Es ist sinnvoll, bei einem ungewöhnlichen Namen darum zu bitten, den Namen zu buchstabieren. Sie könnten zum Beispiel sagen, „Guten Tag, Dr. Loughlin. Wie schreibt sich Ihr Name – L-o-c-k-l-i-n-g?" So erhält das Gehirn eine weitere Gelegenheit, sich den Namen zu merken, wenn die korrekte Schreibweise angegeben wird.

Wiederholen Sie den Namen, wie zuvor besprochen, bei Ihrer ersten Reaktion auf die Vorstellung laut und verwenden Sie ihn auch während des Gesprächs. Wenn Sie sich den Namen tonlos immer wieder vorsagen, wird Ihnen auch das helfen, ihn sich zu merken.

Andere hilfreiche Techniken beim Sich-Merken von Namen sind, an jemand anderen zu denken, den Sie kennen, der den gleichen Namen hat, oder sich den Namen mithilfe einer Assoziation zu merken.

Zum Beispiel lässt sich der Name von Frau Blum merken, wenn er mit den Wiesenblumen assoziiert wird, die auf das von ihr getragene Kleid gedruckt sind. Dieses System birgt eine Gefahr in sich. Ich kenne jemanden, der diese Technik benutzte, als er Frau Blum in ihrem Blumenkleid kennenlernte, und sie beim Wiedersehen zwei Monate später mit den Worten begrüßte: „Guten Tag, Frau Wiesenblum." Vielleicht wäre das nicht passiert, wenn er sich ihren Namen mithilfe eines Gemüses gemerkt hätte, aber vielleicht wäre ihm dann herausgerutscht: „Guten Tag, Frau Blumenkohl".

An irgendeinem Punkt vergisst jeder einen Namen. Es ist möglich, Ihren Gesprächspartner wissen zu lassen, dass Sie sich an ihn erinnern, auch wenn Sie zugeben, seinen Namen vergessen zu haben und noch einmal danach fragen. Beginnen Sie das Gespräch,

indem Sie sich der Person, deren Name Ihnen vorübergehend entfallen ist, noch einmal vorstellen. Zum Beispiel so: „Guten Tag, ich
bin Jane Hight McMurry. Ich glaube, wir sind uns auf einem technischen Kongress in Kalifornien schon einmal begegnet." In den
meisten Fällen wird die andere Person dafür dankbar sein, da es
sein kann, dass auch sie Ihren Namen vergessen hat, und Sie wird
ihren Namen daher bereitwillig wiederholen. Verrät mir die andere
Person ihren Namen nicht, nachdem ich den Kontext unseres Ken-
nenlernens noch einmal erwähnt habe, sage ich: „Ob Sie mir Ihren
Namen noch mal sagen würden?" oder „Ich würde mir Ihren Namen
wirklich gern einprägen. Wären Sie so nett, ihn mir noch einmal zu
verraten?" Wenn Sie noch einmal nach dem Namen Ihres Gegen-
übers fragen, demonstrieren Sie damit Interesse an der Person und
zeigen, dass Sie auch nur ein Mensch sind.

Konversation

*Das Wesen der Konversation besteht weniger darin, selbst Geist-
reiches von sich zu geben, als vielmehr, Geistreiches aus anderen
herauszulocken. Wer sich an seiner eigenen Schlagfertigkeit erfreut
und zufrieden aus dem Gespräch geht, ist auch mit Ihnen zufrieden.*

– Jean de La Bruyère, französischer Moralist (1645-1696)

Geschäftsleute, die über gute Kommunikationsfähigkeiten verfügen, werden mit größerer Wahrscheinlichkeit Erfolg haben, selbst
wenn sie vielleicht nicht gebildeter und klüger sind oder besser
aussehen. Bereits in den 1930er-Jahren belegten vom Carnegie
Institute of Technology durchgeführte Studien, dass in allen Bereichen nur 15 Prozent des eigenen finanziellen Erfolgs im Leben
auf Fachwissen zurückzuführen sind, während ein „Händchen für

Menschen" (die Fähigkeit, mit Menschen zu kommunizieren) der Faktor ist, der für die restlichen 85 Prozent des finanziellen Erfolgs verantwortlich ist. John D. Rockefeller wusste das. Er sagte: „Die Fähigkeit, mit Menschen umzugehen, ist genauso ein käufliches Gut wie Zucker und Kaffee, und dafür bin ich bereit mehr zu zahlen als für alles andere." Er wusste, dass der Markt stark wettbewerbsorientiert ist und dass Produktwissen und harte Arbeit nicht genug sind, um Kunden zu gewinnen und neue Geschäfte zu machen – und selbst nicht genug, um Bestandskunden zu halten. Um der Konkurrenz überlegen zu sein und die eigenen wirtschaftlichen Ziele zu übertreffen, braucht es oft ein grundlegendes Business-Instrument, das nicht in jedem Unternehmen anzutreffen ist. Rockefellers Erfolg und der Erfolg seiner Unternehmungen waren das Ergebnis einzelner Menschen mit ausgezeichneten sozialen Kompetenzen.

Für eine vor einiger Zeit von der US-amerikanischen Statistikbehörde, Ressort Einstellungs- und Fortbildungspraxis (United States Census Bureau of Hiring and Training Management Practices), durchgeführte Umfrage wurden quer über die USA verteilt 3.000 Arbeitgeber befragt. Die Arbeitgeber wurden gebeten, die beiden wichtigsten Fähigkeiten zu benennen, die bei der Einstellung neuer Mitarbeiter gefragt sind. Bei der Umfrage wurde verlangt, dass hinsichtlich der Wichtigkeit der Kriterien Berufserfahrung, Empfehlungen früherer Arbeitgeber, eine positive Einstellung, Erfahrung im betreffenden Berufsfeld, gute Kommunikationsfähigkeiten und Bildungsstand eine Rangordnung festgelegt wurde. Auf den beiden Spitzenplätzen der Umfrage landeten eine positive Einstellung und gute Kommunikationsfähigkeiten. Laut aktueller Forschungsergebnisse ist unser Erfolg im Leben zu bis zu 90 Prozent auf unsere sozialen Kompetenzen zurückzuführen. Zum Glück sind soziale Kompetenzen erlernbar.

Mit ein wenig Planung im Vorfeld lässt sich selbst auf höchster Ebene leicht mitmischen. Ich habe weiter oben schon über verschiedene für den Dschungel wichtige Instrumente und Fähigkeiten gesprochen, und diese werden Ihnen auch dabei helfen, Konversation zu betreiben wie ein Profi. Eine rechtzeitige Vorbereitung stellt sicher, dass Ihre Gespräche erfolgreich verlaufen. Sie sollten den Erfolg planen, indem Sie sich mit Personen umgeben, die in Ihrem Leben etwas bewirken können. Tun Sie dies oft. Sie sollten sich nach dem Aufwachen jeden Morgen fragen: „Wen kann ich heute treffen, der wesentlich zu meinem Erfolg beitragen wird?" Sie sollten sogar noch einen Schritt weiter gehen und dies in großen, fetten Buchstaben aufschreiben und den Zettel an Ihren Badezimmerspiegel kleben.

Denken Sie auch hierüber nach: Wer kann mir beim Erreichen meiner Ziele helfen? Ist es ein potenzieller Kunde? Ein vorhandener Kunde? Ein Kollege, der über Kontakte verfügt? Ein Verband mit wichtigen Mitgliedern, aus denen potenzielle Kunden werden können?

Geben Sie sich nicht damit zufrieden, mit den Leuten zu interagieren, an die Sie am leichtesten herankommen. Sie müssen Ihre Komfortzone verlassen und dort draußen nach neuen Kontakten suchen, die Ihnen helfen werden, das zu bekommen, was Sie wollen, brauchen und verdienen.

Als junge Frau zog ich aus meiner Heimatstadt, Chapel Hill, North Carolina, ins 1.000 Meilen entfernte Hanover, New Hampshire, wo mein Exmann eine Stelle als Assistenzarzt in der Chirurgie annahm. Ich kannte niemanden in der neuen Stadt. Zum Glück verstand es Linda Nicks, die ehemalige Bewohnerin des Hauses, in das wir zogen, mir zu helfen, mich in meinem neuen Dschungel zurechtzufinden. Abgesehen von den frischen Blumen, die sie auf der Wiese hinter unserem Haus gepflückt und auf den Kaminsims gestellt hatte, hinterließ sie auch eine wichtige Liste mit Leuten aus der

Gegend, die mir helfen konnten. Neben die Namen und Telefonnummern hatte sie auch einen kurzen Kommentar zu jedem geschrieben. So hatte sie zum Beispiel neben den Namen Ron Fullington geschrieben, dass er eine Schneefräse hätte, unsere Auffahrt von Schnee befreien würde, fast alles reparieren könnte und eine Frau namens Sandy und eine Tochter namens Lisa hätte, die unter anderem nähen und putzen würde. Dies machte es mir einfach, Ron anzurufen und mich vorzustellen. Ich hatte einen Aufhänger für ein Gespräch.

Jahre später zog ich zurück nach North Carolina. Wie das Schicksal so spielte, war Linda Nicks, die eigentlich gar keine Verbindungen in den Süden hatte, in dieselbe Stadt gezogen, in die ich auch zog! Sie brachte mir Kekse und lud mich zur Eröffnung des Hospitality House (Gästehaus) des örtlichen Krankenhauses ein, wo ich neue Leute kennenlernen würde. Dieses Mal gab sie mir keine handgeschriebene Liste, um mir zu helfen, mich in meinem neuen Dschungel zurechtzufinden, sie bereitete mich persönlich auf eine Begegnung mit den Leuten vor, die ich kennenlernen würde, und stellte mich ihnen dann vor. Das tat sie folgendermaßen:

Linda holte mich frühzeitig ab, um einen Parkplatz direkt vor dem Hospitality House zu bekommen. Während die Leute das Gebäude betraten, erzählte sie mir über jeden von ihnen etwas. Als wir schließlich selbst hineingingen, fand ich es leicht, mich unters Volk zu mischen, und hatte Spaß dabei. Ich kann mich an viele Personen erinnern, die ich an dem Tag kennengelernt habe, aber besonders gut erinnere ich mich daran, was meine Freundin mir über Maryann Robison erzählte: „Diese Frau kann Berge versetzen." Maryann bekam Dinge in unserem Ort besser erledigt als jeder andere, nicht nur, weil sie zu allen freundlich war, sondern auch, weil sie ein Profi war, wenn es darum ging, sich durch den Dschungel zu manövrieren, um ihre Ziele zu erreichen. Maryanns Schwiegertochter Margaret trägt heute die Fackel weiter, indem sie immense Summen für gute Zwecke beschafft, hauptsächlich aufgrund ihrer ausgezeichneten Fähigkeiten, wenn es darum geht, sich durch den örtlichen Business-Dschungel zu manövrieren. Es ist völlig in Ordnung, die Person, die die Veranstaltung plant, an der Sie teilnehmen, um eine Kopie der Gästeliste zu bitten. Veranstaltungsplaner haben eine Liste und geben diese meist bereitwillig heraus – schließlich werden Sie, wenn Sie wissen, wer sonst noch kommt, ein umso besserer Gast sein!

Ich besuchte einen exklusiven Golfclub, dessen Mitglieder aus den gesamten USA kommen. An Freitagabenden veranstaltet der Club das beliebte „The Gathering", wo Mitglieder sich zu einem geselligen Beisammensein mit Cocktails und stilvollem Abendbüffet treffen. Nach einer Runde Golf im Club ging ein Freund von mir in das Sekretariat und bat um einen Ausdruck der Liste mit den Namen der Personen, die sich für die Veranstaltung an diesem Abend angemeldet hatten. Die Sekretärin machte den Ausdruck. Wir nahmen die Liste mit zum Haus meines Freundes. Mein Freund mixte mir einen Drink, holte sein Mitgliedsbuch aus der Schublade, setzte sich auf seiner Veranda, von der aus man das 6. Grün sehen konnte, neben mich in einen Schaukelstuhl und ging die Liste durch. Dabei erzählte er mir etwas über jede Person, die an dem Treffen teilnahm – einschließlich des Namens, der Stadt, aus der das Mitglied kam und des Namens des Ehepartners. Er hatte sich entsprechende Notizen in seinem Buch gemacht, darunter auch Informationen über die Mitglieder, die er während früherer Golfrunden und anderer Treffen bekommen hatte. Das Durchgehen der Liste war für uns beide gut. Er frischte sein Gedächtnis auf in Vorbereitung auf die Fortsetzung früherer Unterhaltungen und war durch solche Konversation auch darauf vorbereitet, mich den Mitgliedern vorzustellen, wobei er sicherstellte, dass ich entsprechend mit Ideen ausgerüstet war, um eine Unterhaltung mit neuen Gesprächspartnern führen zu können. Nicht vergessen: Rechtzeitige Vorbereitung verhindert schlechte Ergebnisse.

Tun Sie Ihr Möglichstes, um etwas über die Leute in Erfahrung zu bringen, bevor Sie sie treffen. Eine meiner Töchter war vor einiger Zeit in das Haus von Barbara und Jack Nicklaus in Palm Beach Gardens, Florida, auf eine Dinnerparty eingeladen. Sie war die Begleitung eines Gastes und nahm an, dass das Ehepaar Nicklaus nur ihren Freund kannte. Win erzählte folgende Geschichte über die Fähigkeit des Ehepaars Nicklaus, sich durch den Dschungel zu manövrieren, und auch über ihre Fähigkeit, andere in ihrem Dschungel willkommen zu heißen.

Ich hatte das Vergnügen, Gast im Hause der Nicklaus zu sein. Ich schätze, es waren mindestens 100 Personen anwesend, und jeder, der durch die Tür kam, wurde durch ein Empfangskomitee begrüßt. Zuerst war Barbara an der Reihe, dann Jack. Dies war für sie die perfekte Art, ihre Gäste willkommen zu heißen, und sie waren unheimlich freundlich. Barbara und Jack hatten ihre Hausaufgaben gemacht und hatten jedem etwas zu sagen, der zur Tür hereinkam. Ich bin zwar sicher, dass sie viele der Leute kannten, die an diesem Tag in ihr Haus kamen, doch sie nahmen sich auch die Zeit, etwas über die Leute zu erfahren, die sie noch nicht kannten. Dies war das erste Mal, dass ich dem Paar begegnete, aber Barbara gab mir sofort das Gefühl, bei ihnen willkommen zu sein, indem sie auf eine Art mit mir über mein Leben sprach, die demonstrierte, dass sie sich die Zeit genommen hatte, Recherchen anzustellen und etwas über mich zu erfahren. Das war ziemlich spektakulär.

Sie können Ihren Dschungel bändigen, ganz wie Barbara und Jack. Wecken Sie das Interesse Ihres potenziellen Gesprächspartners, indem Sie ausreichend viel über seinen Hintergrund, seine Interessen und seinen Beruf in Erfahrung bringen, sodass Sie eine geistreiche Unterhaltung über Themen führen können, die ihm wichtig sind. Sie sollten ein wenig mit dem Fachjargon vertraut sein, der seine Interessen und sein Geschäft umgibt. So könnte jemand, der während der Basketballsaison ein Gespräch mit einem Sportfan und Absolventen der University of North Carolina in Chapel Hill plant, sich die nötigen Informationen schnell aus dem Sportteil der Lokalzeitung besorgen. Dort könnte er die Namen der wichtigen Spieler nachlesen und leicht herausfinden, dass das Carolina-Team auch den Spitznamen „The Tar Heels" hat. Außerdem könnte er etwas über wichtige Gegner oder aktuelle Themen in Erfahrung bringen, die die Fans bewegen. Ein gutes Gespräch wird durch die Einführung von Themen, mit denen die Unterhaltung erst richtig in Fahrt kommt, noch besser.

Lesen Sie mindestens eine Zeitung am Tag, damit Sie Diskussionen über das Zeitgeschehen initiieren oder an ihnen teilnehmen können. Verschaffen Sie sich einen Überblick über alle Sparten – Sport, Freizeit, Internationales, Unterhaltung, Reisen, Wirtschaft. Selbst wenn Sie die verschiedenen Ressorts nur überfliegen, wird Ihnen das im Gespräch mit Personen, die Sie nicht kennen, später nützlich sein. Nehmen Sie sich die Zeit, um sich hin und wieder intensiver mit jeder Sparte zu befassen und sich des Vokabulars bewusst zu werden, das den verschiedenen Themen eigen ist.

Lesen Sie wenigstens ein Buch von der Bestseller-Liste einer renommierten Zeitung oder Zeitschrift. Lesen Sie Buchbesprechungen zu allen Titeln, die Sie gelesen haben. Wie Louis Pasteur sagte: „Der Zufall begünstigt den vorbereiteten Geist." Ihre Erinnerung wird Ihnen bei der Konversation helfen, wenn Sie sich vorher mit Lektüre und Erfahrungen verschiedenster Art darauf vorbereiten.

Bereiten Sie sich auf die Konversation mit Leuten vor, denen Sie noch nie begegnet sind, indem Sie in Ihrer Freizeit bewusst verschiedene Aktivitäten und Unterhaltungsformen erkunden. Es kann sein, dass Sie mit dem Vokabular, das Sie bei einem solchen einmaligen Erlebnis aufschnappen (Tauchen, Reisen, in die Oper gehen) durch einen glücklichen Zufall genau den richtigen Ton anschlagen, der Ihnen einen neuen Geschäftsfreund einbringt.

Lesen Sie die Fachzeitschriften potenzieller Gesprächspartner, die in bestimmten Branchen tätig sind. Solche Zeitschriften werden Ihnen helfen herauszufinden, welches die brandaktuellen Themen der jeweiligen Branche sind, und Ihnen das Fachvokabular an die Hand geben, das Sie brauchen, um wie ein Insider zu klingen.

Wenn alles andere scheitert, wenden Sie Eleanor Roosevelts Technik an. Eleanor Roosevelt hatte den Ruf, sich mit jedem unterhalten zu können, selbst den schwierigsten Gesprächspartnern. Ein Reporter fragte sie einmal, woran es läge, dass sie sich scheinbar mit jedem unterhalten könne. Ihre Antwort: „Manchmal muss ich dafür das Alphabet benutzen."

Der verdutzte Reporter bat um eine Erklärung.

„Nun, ich fange mit dem Buchstaben A an. So könnte ich zum Beispiel sagen: ‚Die Apfelernte ist in diesem Jahr besonders gut ausgefallen. Welche Apfelsorte mögen Sie am liebsten?' Ich gebe niemals auf, selbst wenn ich dafür das ganze Alphabet durchgehen muss. Einmal musste ich mich bis zum T vorarbeiten."

Berufen Sie sich auf die letzte Unterhaltung, die Sie mit den Gästen hatten. Zum Beispiel so: „Sie planten gerade eine Reise nach Afrika, als ich Sie das letzte Mal sah. Welcher Teil der Reise war denn für Sie am spannendsten?" Stellen Sie offene Fragen, bei denen mehr gefragt ist als eine simple Ja- oder Nein-Antwort.

Sprechen Sie eine einfache Sprache, die sich auf die Botschaft konzentriert, die Sie übermitteln wollen. Polstern Sie Ihre Botschaft nicht mit „wohlig warmen" Worten oder Phrasen wie „Ich habe ein wirklich gutes Gefühl bei so und so". Einflussreiche Frauen benutzen eine kraftvolle Sprache. Bleiben Sie bei den Fakten, kommen Sie zum Punkt, und lassen Sie Geschichten über andere Leute weg, die nichts als Klatsch sind. Wenn Sie sich an Klatsch beteiligen, werden Sie damit Ihre Karriere sabotieren. Können Sie sich an Joe Friday aus der US-Krimiserie *Dragnet* erinnern? „Nur die Fakten Ma'am. Nur die Fakten", war sein Standardspruch.

Sie riskieren, nicht zu bekommen, was Sie wollen, wenn Sie Dinge beschönigen oder um den heißen Brei herumreden, um zu bekommen, was Sie wollen. Wenn Ihnen zum Beispiel kalt ist und Sie es gern hätten, dass die Heizung aufgedreht wird, werden Sie das gewünschte Resultat wahrscheinlich eher erzielen, wenn Sie sagen: „Mir ist kalt. Ob Sie so nett wären und die Heizung höher drehen würden?", als wenn Sie sagen: „Es ist kalt hier drin."

Um das zu bekommen, was Sie wollen, spielt auch der Ton eine wichtige Rolle. Sie müssen laut genug sein, um gehört zu werden und um die Aufmerksamkeit zu bekommen, die Sie brauchen, um zu bekommen, was Sie wollen.

Machen Sie keine Aussagen, die sich wie Fragen anhören. Sprechen Sie mit Überzeugung. Nehmen Sie mal eine Unterhaltung auf, die Sie mit einer anderen Person führen. Sie werden vielleicht überrascht feststellen, dass Sie am Ende einer Aussage die Stimme heben. Viele Frauen tun das. Mit einem Bewusstsein für die eigene Stimme werden Sie viele Sprachprobleme korrigieren können. Engagieren Sie einen Sprechtrainer, wenn Sie keine Fortschritte machen. Einflussreiche Frauen sind höflich, aber sie sind auch klug und wissen, wie sie mit allen Tieren im Königreich interagieren müssen. Wie Sie bemerkt haben, ist die erste Silbe des Wortes Königreich

König. Könige sind Männer. Einflussreichen Frauen ist klar, dass sie, um neben und nicht unter Königen regieren zu können, tun müssen, was Männer oft beim Sprechen tun: dafür sorgen, dass sie das sagen, was gesagt werden muss, wenn es gesagt werden muss.

Höflichen Menschen wird beigebracht, dass man andere nicht unterbricht, doch eine der einflussreichsten Frauen in der US-amerikanischen Politik, die ehemalige Außenministerin Madeleine Albright, behauptet, dass es mit zu den wichtigsten Fähigkeiten gehört, die junge Frauen erwerben können, wenn sie andere unterbrechen lernen. Die Ergebnisse, zu denen Pat Heim und Susan Golant in ihrem Buch *Frauen lernen fighten. Ein Sparringskurs für Aufsteigerinnen* gekommen sind, bestätigen das. Sie haben herausgefunden, dass Männer in gemischtgeschlechtlichen Gesprächen in 98 Prozent der Fälle diejenigen sind, die unterbrechen, um zu bekommen, was sie wollen. Wie viele Chancen sind Ihnen entgangen, weil Sie es versäumt haben zu unterbrechen?

Äußern Sie Ihre Meinung, wenn Sie etwas zu sagen haben, damit Sie für Ihre Ideen auch Anerkennung bekommen. Wenn Sie zuerst das Wort ergreifen, wird das nicht nur andere daran hindern, das zu sagen, was Sie als Erste gedacht haben, es wird auch demonstrieren, dass Sie Führungsqualitäten, Glaubwürdigkeit und die Fähigkeit besitzen, Risiken einzugehen.

Strahlen Sie beim Sprechen Selbstvertrauen aus und geben Sie den Zuhörern gar nicht erst die Gelegenheit, Ihre Ideen abzutun, indem Sie auf solche Ausschlussklauseln wie „Ich bin keine Expertin im Bereich xyz" oder auf die Verwendung des Wortes „aber" verzichten. Einige Frauen machen solche Kommentare in der Annahme, dass sie, indem sie sich selbst klein machen, weniger bedrohlich wirken, ohne sich dabei zu verdeutlichen, dass sie sich damit erniedrigen und dies ein Anzeichen für mangelndes Selbstwertgefühl ist. Einflussreiche Frauen, die bekommen, was sie wollen, brauchen und verdienen, reden sich, ihre Ideen, ihre Gedanken oder ihre Fähigkeiten nicht selbst schlecht.

Verhandeln des Gehalts

Frauen mit gleichem Bildungsstand und gleicher Fachkompetenz verdienen auch weiterhin im Durchschnitt 0,78 Dollar für jeden Dollar, den ein Mann verdient. Um dies zu verhindern und es Ihnen leichter zu machen zu bekommen, was Sie wollen, ist es hilfreich zu verhandeln. Bereiten Sie sich auf die Verhandlung vor, indem Sie vorher Ihre Hausaufgaben machen und sich die Informationen besorgen, die Sie brauchen. Es ist wichtig, dass Sie Ihre Forderungen mit Fakten untermauern können. Fakten überzeugen. Üben Sie, was Sie sagen wollen, bevor Sie in die Verhandlung eintreten. Anwälte, die bei ihren Fällen gewinnen, tun dies, und Sie sollten das auch tun. Seien Sie gut organisiert, damit Sie nicht nach Dokumenten suchen müssen. Es wird Einwände gegen Ihre Ideen geben, also sollten Sie vorher wissen, wie Sie darauf reagieren werden. Legen Sie im Vorfeld fest, wo Ihre Schmerzgrenze liegt und wie viel Sie bereit sind nachzugeben. Und: zuhören, zuhören, zuhören. Stellen Sie offene Fragen, um Informationen zu bekommen, die Ihnen helfen werden, zu einer Einigung zu gelangen.

Viele Frauen akzeptieren jedes Gehalt, das ihnen eine Firma für ihre Arbeit anbietet. Unternehmen sind da, um Geld zu verdienen. Je weniger sie Ihnen bezahlen, desto mehr Geld verdienen sie selbst. Es ist für sie ein gutes Geschäft, wenn sie versuchen, einen fähigen Mitarbeiter zu den geringstmöglichen Kosten zu bekommen. Seien Sie proaktiv, indem Sie dafür sorgen, dass das Gehalt, das Sie akzeptieren, das bestmögliche ist.

Vielen Frauen wird beigebracht, dass Geld die Wurzel allen Übels ist, dass Geld nicht wichtig ist und dass es unhöflich ist, über Geld zu sprechen. Wenn Sie zu diesen Frauen gehören, wachen Sie auf und werfen Sie diese Vorstellungen über Bord. Finanzielle Unabhängigkeit macht es Ihnen möglich, das zu tun, was SIE wollen, und zwar, wann Sie es wollen.

Vielleicht ist Ihnen gar nicht bewusst, um wie viel Sie unterboten werden, bis Sie verhandeln. Das erste Angebot ist selten die maximale Summe, die eine Firma bieten kann, um die besten Mitarbeiter zu bekommen. Es liegt an Ihnen, Ihren Chef zu überzeugen, dass es sich lohnt, wenn er Ihnen etwas mehr zahlt. Was Sie tun sollten, ist einfach: fragen. Sie werden überrascht sein, dass Sie wahrscheinlich ein höheres Gehalt aushandeln können, wenn Sie nur fragen.

Alles an einem Vertrag ist verhandelbar. Ihr Ziel sollte sein, das Geld, die Nebenleistungen, den Urlaub und die Anreize zu bekommen, die Sie verdienen. Vergessen Sie auch nicht, nach angemessenen Zusatzleistungen wie Mobiltelefon, Firmenwagen, zusätzlichen Urlaubstagen und Ähnlichem zu fragen.

Fünf magische Sätze werden Ihnen helfen, das Gehalt zu bekommen, das Sie verdienen

1. **„Das klingt etwas zu wenig."**
   Halten Sie es einfach. Egal, welche Summe vorgeschlagen wird, sagen Sie einfach diese fünf Wörter und machen Sie dann den Mund zu. Da niemand ungemütliche Stille aushalten kann, werden Ihre fest verschlossenen Lippen den Arbeitgeber zwingen, etwas darauf zu sagen. Er wird entweder ein neues Angebot machen, Sie fragen, wie viel Sie brauchen, oder Ihnen sagen, dass der genannte Betrag das Maximum ist.

Je nach Antwort des Arbeitgebers sollten Sie einen der folgenden Sätze sagen.

2. **„Damit der Job sich für mich lohnt, bräuchte ich ..."**
Damit kontrollieren Sie die Situation. Betreiben Sie vorher Marktforschung, damit Sie wissen, wie viel in diesem Job verdienbar ist. Zwei gute Quellen für Gehaltsübersichten in den USA sind www.salary.com und www.payscale.com.[1] Wenn Sie wissen, wie viel für diesen Job bezahlt werden sollte und hier Ihre Erfahrung und Ihr Fachwissen mit hineinrechnen, sollten Sie bestimmen können, wie hoch das Gehalt im angebotenen Job sein sollte. Sie sollten hier vorher auf jeden Fall einige Recherche betrieben haben und sicherstellen, dass die von Ihnen genannte Zahl im Bereich dessen liegt, was bei diesem speziellen Job normalerweise gezahlt wird. Eine Summe zu verlangen, die 20 Prozent über dem Durchschnittsgehalt liegt, ist annehmbar; 200 Prozent mehr zu verlangen ist unverschämt. Reden Sie kein Kauderwelsch. Nennen Sie die Summe und lassen Sie dann Ihren Arbeitgeber entscheiden.

3. **„In Anbetracht der Arbeit, die für die Konzeption, Entwicklung, Fertigstellung und Anderes nötig sein wird, können wir uns einigen auf ..."**
Überlegen Sie, welchen Job Sie für den Arbeitgeber erledigen sollen. Geht es dabei um die Entwicklung/das Design eines neuen Produkts oder Ähnliches, so könnte dies ein permanenter Umsatzgenerator für Ihren Arbeitgeber sein. Und wenn Sie im Rahmen des Ihnen angebotenen Vertrags alle Rechte und Exklusivitätsansprüche an ihn abtreten, sollten Sie dies als

---

Anm. d. Ü.: **1)** Es gibt solche Quellen auch in Deutschland, sie sind meistens jedoch gebunden an eine Zeitung o.ä. Eine kleine Auswahl (ohne Bewertung der Qualität): http://www.gehaltsvergleich.com/gehaltstabelle-und-gehaltsuebersicht.html; http://www.lohnspiegel.de/main; http://www.karriere.de/service/gehaltscheck/

Argument verwenden, um ein höheres Gehalt auszuhandeln. Sie könnten eine extra Entschädigung für Ihr kreatives Talent verlangen, durch das das Produkt oder der Service erst realisiert wird, oder Sie könnten nach einer zusätzlichen Entlohnung verlangen in Form einer prozentualen Beteiligung an den Einnahmen, die ja das Resultat Ihrer Arbeit sind.

4. **„Ich erwarte mehr für diesen Job.“**
Mit diesem einfachen Statement spielen Sie den Ball wieder dem Arbeitgeber zu. Auch hier sollten Sie nach diesem Satz wieder schweigen und dem Arbeitgeber die Möglichkeit geben, eine neue Zahl zu nennen. Mit dieser Aussage stellen Sie die Möglichkeit in Aussicht, dass Sie sich dazu entschließen könnten, woanders zu arbeiten, wenn der Arbeitgeber Ihren Forderungen nicht nachkommt.

5. **„Können wir hieran noch arbeiten?“**
Mit diesem Satz zeigen Sie dem Arbeitgeber, dass Sie an einer Partnerschaft interessiert sind. Durch die Verwendung des Wortes „wir“ fordern Sie den Arbeitgeber auf, mit Ihnen eine Partnerschaft einzugehen, indem er Ihnen bessere Konditionen anbietet. Diese Frage öffnet die Tür zu verschiedenen Bereichen, in denen sich die Vergütung noch verbessern lässt. Hier können Sie über das Gehalt sprechen, aber auch über weitere Vergünstigungen, Urlaubstage und Anderes.

Bleiben Sie in Ihrem Ton und in Ihrem Verhalten professionell. Sie müssen den Eindruck vermitteln, dass Sie selbstbewusst sind und Ihren Wert kennen. Wenn Sie gegenüber sich selbst keine Hochachtung haben, dürfen Sie das von Ihrem Arbeitgeber oder anderen auch nicht erwarten.

Auf Ihrem Weg durch den Dschungel sollten Sie es vermeiden, unangebrachte persönliche Fragen zu stellen. Fragen Sie stattdessen lieber: „Was tun Sie gern in Ihrer Freizeit?" Stellen Sie lieber Fragen, die situationsrelevant sind oder etwas mit dem Grund zu tun haben, warum Ihr Gegenüber an der Veranstaltung teilnimmt, bei der Sie beide zugegen sind, anstatt über sich und Ihre Gesundheit zu sprechen oder über die Ihres Gesprächspartners.

Schlüpfrige Witze sind abstoßend.

Wenn Sie zu viele Informationen über Privates herausgeben – Ihre Kinder und Enkelkinder und wer Ihnen besonders viel bedeutet – langweilt das andere meistens.

Vermeiden Sie kontroverse Themen wie Politik und Religion. Benutzen Sie einen der folgenden Sätze, um das Gespräch wieder in die produktive Bahn zu lenken, wenn andere Themen aufbringen, die Ihnen unangenehm sind.

- „Ich würde vorschlagen, wir wechseln das Thema."
- „Ich fühle mich bei diesem Thema nicht wohl."
- „Lassen Sie uns doch zu anderen Themen übergehen."
- „Einigen wir uns darauf, dass wir hier unterschiedlicher Ansicht sind."

Beginnen Sie Gespräche in einem geschäftlichen und einem gesellschaftlichen Rahmen, indem Sie einen indirekten Ansatz wählen. Wenn Sie direkte persönliche Fragen stellen, schreckt das potenzielle Kontakte ab, da Sie als aufdringlich und neugierig betrachtet werden. Vermeiden Sie Fragen wie folgende: „Wo wohnen Sie?", „Welche Schule haben Sie besucht?", „Woher kennen Sie Soundso?", „Woher haben Sie …?", „Wie viel hat das gekostet?", „In welche Kirche gehen Sie?", „Sind Sie verheiratet?", „Haben Sie Kinder?", „Wen wählen Sie?" Vermeiden Sie es auch zu fragen:

„Was machen Ihre Eltern?" Diese Frage schreckt ab, denn sie erweckt den Anschein, dass der Fragesteller den Wert der anderen Person ermitteln will. Stellen Sie Fragen, die sich auf aktuelle Interessensgebiete und Themen konzentrieren, die so weit gefasst sind, dass Ihre Fragen nicht als aufdringlich empfunden werden. Die Frage „Was machen Sie?" ist eine Frage, die viele Gesprächspartner ärgert. Bei zwei Personengruppen ist das Risiko sehr hoch, dass man ihnen damit zu nahe tritt: zum einen Personen, die nicht stolz auf ihre Arbeit sind, und zum anderen Personen, die nicht arbeiten. Zur zweiten Gruppe gehören auch Menschen, die vielleicht das Glück haben, nicht arbeiten zu müssen und die über dieses Privileg nicht sprechen möchten. Stellen Sie die Frage „Was machen Sie?" nur, wenn Sie das Gefühl haben, dass Ihr Gegenüber empfänglich dafür ist und gern über die Arbeit spricht. Wenn Sie nicht sicher sind, fragen Sie am besten: „Was tun Sie gern?" Auf diese Frage hin wird derjenige, der seine Arbeit schätzt, mit Freuden davon erzählen, und derjenige, der seinen Job nicht mag oder gar nicht arbeitet, kann das Gespräch auf ein Thema lenken, das ihm am besten gefällt.

Doch Sie können sich anstrengen, wie Sie wollen, da Sie ein Mensch sind, werden Sie unweigerlich unabsichtlich ins Fettnäpfchen tappen und irgendetwas sagen, das Ihren Gesprächspartner verletzt oder verärgert. Sie hatten mit Ihrer Bemerkung nicht die Absicht, unsensibel zu sein, aber für ihn ist sie unangenehm und/oder schmerzhaft. Sie werden wahrscheinlich merken, dass Sie etwas gesagt haben, was Sie lieber nicht gesagt hätten, sobald die Worte aus Ihrem Mund raus sind. Sie werden dies wahrscheinlich daran merken, dass Ihr Gesprächspartner nichts mehr sagt, Sie anfaucht oder Ihnen vielleicht sogar sagt, dass Ihre Bemerkung unangebracht oder gemein war. Die beste Art, den Fauxpas wiedergutzumachen, ist, ihn sofort anzusprechen. Zum Beispiel so:

„Es tut mir leid. Es war mir nicht bewusst, dass ich Sie damit ver-
ärgern würde." Alternativ könnten Sie auch sagen: „Bitte verzeihen
Sie mir. Ich fühle mich schrecklich. Es war nicht meine Absicht, Ihre
Gefühle zu verletzen." Ihr Gesprächspartner wird Ihnen wahrscheinlich verzeihen und Ihre Reue zu schätzen wissen, wenn Ihre Entschuldigung herzlich und aufrichtig ist.

Deuten Sie die Körpersprache der von Ihnen beobachteten Hauptpersonen, wenn Sie einen Raum betreten. Stellen Sie fest, welchen
der Hauptpersonen Sie sich am problemlosesten nähern können.
Menschen, die allein herumstehen, fühlen sich meist unwohl und
werden Ihre Aufmerksamkeit zu schätzen wissen. Aus zwei Personen bestehende Gesprächsrunden mit geschlossener Körpersprache, die ihre Köpfe eng zusammenstecken und mit dem Rücken zu
Ihnen stehen, sind im Allgemeinen schwerer zugänglich als Dreier-
gruppen. Wenn Sie sich einer Gruppe nähern, stellen Sie sich an den
Rand des Konversationsraums und stellen einen Fuß ein Stück weiter nach vorn, wenn sich eine kleine Freifläche auftut. Meist öffnen
die Gesprächsteilnehmer den Raum, um Sie einzulassen. Hören Sie
dem Gespräch zu, um zu erfassen, worum es geht. Steigen Sie bei
unbekannten Personen in das Gespräch ein, indem Sie auf eine
Gesprächspause warten, sich dann vorstellen und diese Vorstellung
durch eine Bemerkung ergänzen. Sie könnten zum Beispiel auf eine
Gruppe treffen, die über das anstehende 101 NCAA (National Col-
legiate Athletic Association) Football-Turnier spricht. Sobald eine
Pause entsteht, könnten Sie sagen: „Guten Tag, ich bin Jane Hight
McMurry. Auf meinem Weg hierher habe ich Radio ESPN gehört, wo
darüber berichtet wurde, dass der Point Guard von Duke während
des Trainings gestürzt ist und sich dabei verletzt hat." Die meisten
Gruppen freuen sich, wenn ein Gespräch frischen Wind bekommt.
Sie sollten Neuankömmlinge in Ihrer Gesprächsrunde willkommen
heißen, indem Sie den Raum zwischen sich und der Runde ein

wenig öffnen, wenn Sie feststellen, dass jemand sich gern zu Ihrer Gruppe gesellen möchte.

Die Körpersprache sollte bei jeder geschäftlichen und gesellschaftlichen Angelegenheit professionell sein. Denken Sie daran: Die einzig akzeptable Form der Berührung ist der Handschlag. Dies ist nicht der Ort, um jemandem zu zeigen, dass Sie romantische Gefühle für ihn hegen.

Nehmen Sie sich vor, sieben oder acht Leute pro Stunde kennenzulernen. Im Schnitt sind Small-Talk-Themen nach zirka acht Minuten ausdiskutiert. Das bedeutet nicht, dass Sie Ihren Kollegen aus dem Weg gehen sollen. Begrüßen Sie sie und beteiligen Sie sie an Gesprächen.

Wenn Sie die Position der Gesprächsleitung übernehmen, wird Ihnen dies eher das Gefühl geben dazuzugehören. Jemandem ein ernstgemeintes Kompliment zu machen oder ein Kompliment über jemanden zu wiederholen, das Ihnen zu Ohren gekommen ist, ist eine gute Methode, um eine Unterhaltung zu beginnen.

Small Talk

So etwas wie „Small Talk" gibt es nicht. Das kleine Gespräch ist die Grundlage für den „Big Talk". Benutzen Sie Small Talk als Übergang zu tiefgreifenderen Gesprächen, indem Sie auf Anhaltspunkte hören.

Small Talk stagniert, wenn Klischeethemen wie das Wetter und das Essen erschöpft sind. Manchmal gibt die Körpersprache der Gesprächspartner auch Hinweise darauf, ob sie die Unterhaltung weiterführen oder beenden möchten. Ist die Körpersprache offen und der Gesichtsausdruck signalisiert Interesse, weiß der versierte Gesprächsführer, worauf er horchen muss und wie er das Gespräch so steuern kann, dass es mehr Tiefe bekommt. Der Übergang vom Small Talk ist für den guten Zuhörer einfach. Er horcht auf ein thematisches Signal (ein Wort oder Hinweis), um dem Gespräch mehr Tiefe zu geben. So könnte der gute Zuhörer zum Beispiel mitbekommen, wie sein Gesprächspartner sagt: „Das Essen hier schmeckt genauso hervorragend wie das in Frankreich." Der aufmerksame Zuhörer könnte das Wort Frankreich aufgreifen und antworten: „Waren Sie schon mal in Frankreich? Ich wollte dort schon immer hin, um die Speisen und Weine der verschiedenen Regionen zu probieren." Damit bekommt die Unterhaltung eine neue Wendung. Auch wenn die Person, die die Frage zu Frankreich gestellt hat, vielleicht gar kein tieferes Interesse an Frankreich hat, stehen die Chancen gut, dass der Gesprächspartner daran interessiert ist, und für ihn ist das Gespräch dann kein Small Talk mehr.

Der Gesprächsführer, der vom Small Talk zur tiefgreifenderen Unterhaltung übergeht, reflektiert oft nicht nur die Wörter auf den Sprecher zurück, die er gehört hat und die zeigen, dass er die Botschaft wortgetreu verstanden hat, sondern auch solche Wörter, die zeigen, dass er verstanden hat, wie der Sprecher sich fühlt. So könnte zum Beispiel das Gespräch über Frankreich abschweifen in ein Gespräch über den Besuch eines Schlosses im Loiretal, wo der Betreffende an von einem berühmten Starkoch veranstalteten Kochkursen teilnahm. „Toll, es muss aufregend gewesen sein, diesen besonderen Teil Frankreichs zu besuchen. Dem entnehme ich, dass Sie sich sehr für gutes Essen interessieren", könnte der aufmerksame, einfühlsame Zuhörer darauf antworten. Kurze, einfache und positive empathische Aussagen demonstrieren Verständnis, was wichtig ist, wenn es darum geht, eine Beziehung aufzubauen, damit ein Gespräch über die Ebene des Small Talk hinaus weitergehen kann. Auf das zu hören, was dem Gesprächspartner emotional wichtig ist, und ihn wissen zu lassen, dass Sie verstehen, was ihm wichtig ist, ist wertvoller als irgendeine schlaue Bemerkung, die Sie vielleicht machen könnten. Warum? Weil die Leute in einer neuen Beziehung im Allgemeinen das Gefühl haben, dass die unbedeutendsten Dinge, die sie betreffen, wichtiger sind als die faszinierendsten Dinge über Menschen, die sie nicht kennen. Verwenden Sie Sätze wie „Ich kann verstehen, warum Sie das Gefühl haben ...", „Ich sehe, Sie haben wirklich verstanden, dass ...", „Ich weiß es zu schätzen, dass Sie ...", „Es ist nicht zu übersehen, dass Sie sehr hart gearbeitet haben für ..." (Hinweis: Solche Sätze sind auch nützlich in bestehenden Beziehungen, die wichtig geworden sind. Mit denselben empathischen Aussagen zeigen Sie auch ein ernsthaftes Interesse an der anderen Person, das größer sein kann als das Interesse an der eigenen Person.) Die Verwendung der Pronomina „du" und „Sie" lässt sich so steuern, dass sich der Gesprächsschwerpunkt wirkungsvoll auf die andere Person verlagert.

Denken Sie daran: Die Menschen nehmen sich selbst unterbewusst als wichtiger wahr als irgendetwas sonst, egal ob Person, Ort oder Gegenstand.

Noch ein Tipp: Zeigen Sie Ihrem Gesprächspartner Respekt und warten Sie, bis er damit fertig ist, seine Erlebnisse mit Ihnen zu teilen, bevor Sie ihn unterbrechen oder hinzufügen, dass Sie auch schon dort waren, dies auch schon gemacht haben und Ähnliches. Später, wenn Ihr Gesprächspartner fragt, warum Sie das nicht gleich gesagt haben, können Sie erreichen, dass er Sie noch mehr schätzt, indem Sie solche Sätze sagen wie „Es hat mir so viel Freude bereitet, Ihren Ausführungen zuzuhören ..."

Gespräche entwickeln und am Laufen halten und die Verwendung von unterschwelligen Techniken zum Aufbau von Nähe

Unterhaltungen fangen normalerweise mit Klischees an und gehen dann in eine Phase über, in der auch Fakten eingeführt werden können. Wenn mehr Nähe entsteht, kommen beim Dialog auch Gefühle ins Spiel. Später, wenn das Gespräch in die Tiefe geht, sind intimere Unterhaltungen gekennzeichnet durch die Verwendung von „wir" und „uns", wenn die Gesprächspartner Erfahrungen untereinander austauschen.

Gute Gesprächsführer stellen sich auf die Stimmung der Personen ein, mit denen Sie kommunizieren. Durch eine solche Nähe aufbauende Technik wird der Gesprächspartner sich wohlfühlen. Versetzt sich der Gesprächsführer in die leutselige, ruhige oder begeisterte Stimmung des Gesprächspartners, wird dieser das Gefühl haben, dass er mit jemandem spricht, der auf seiner Wellenlänge ist.

Es heißt, dass der eigene Name den schönsten Klang hat. Sagen Sie den Namen der Person, mit der Sie sich unterhalten, aber übertreiben Sie es nicht, sonst hört es sich so an, als würden Sie diese Person bevormunden. Wenn Ihnen der Name entfallen ist, bitten Sie Ihr Gegenüber, ihn noch einmal zu wiederholen. Sagen Sie etwas wie „Ich würde mir Ihren Namen wirklich gern einprägen. Wären Sie so nett, ihn noch einmal zu wiederholen?" Damit demonstrieren Sie, dass Ihnen diese Person so wichtig ist, dass Sie sich gern an sie erinnern würden, also zögern Sie nicht zu fragen. Setzen Sie den Namen Ihres Gesprächspartners wirkungsvoll ein, indem Sie ihm in einer Gesprächspause in die Augen sehen. Beugen Sie sich leicht nach vorn. Zeigen Sie Enthusiasmus und stellen Sie eine Frage, bei der man nachdenken muss, um mit mehr als einem einfachen Ja oder Nein zu antworten.

Es gibt eine als „Captioning" (Untertitelung) bezeichnete Konver-
sationstechnik, bei der ein Auszug aus einem Satz oder einer
Geschichte aus einer früheren Unterhaltung genommen und auf
irgendeine Weise mit der momentanen Unterhaltung in Bezug gesetzt wird. Dies wird nur von den zwei Gesprächspartnern verstanden, die diese Untertitelung wie eine Art Privatsprache untereinander verwenden. Hierdurch entsteht zwischen ihnen eine einmalige
Bindung und es fühlt sich an, als hätten sie eine gemeinsame Geschichte, auch wenn die Verbindung noch neu ist. Viele Geschäftsleute werden einer neuen Bekanntschaft das Gefühl geben, als
wären sie alte Freunde, indem sie sich aus einem früheren Gespräch einen Aspekt herausnehmen, der dem Gesprächspartner
gefallen hat, und diesen dann in einem späteren Gespräch hervor-
heben. Die Untertitelung kann sogar ein Witz sein, den nur die beiden Eingeweihten verstehen. Nehmen Sie hier etwas Positives, das
Sie und Ihren Gesprächspartner verbindet.

Die Verwendung von Spitznamen ist manchmal eine weitere wirksame Technik, wenn es darum geht, unterbewusst eine starke
Bindung herzustellen und so den Übergang vom Bekannten zum
Freund zu vollziehen. So können sich zum Beispiel zwei Bekannte,
die in einer Firmenfreizeit eine Runde Golf zusammen spielen, gegenseitig schmeichelhafte Spitznamen geben, die darauf Bezug
nehmen. Die Namen „The Eagle" oder „Ms. Par" könnten das Ergebnis sein. Wenn Sie jemandem einen Spitznamen geben, sollten
Sie darauf achten, dass dieser der anderen Person gefällt.

Geschäftsleute, die sich wohl miteinander fühlen, könnten ihren
Gesprächspartner fragen, ob er einen Spitznamen aus Kindertagen
hat und gern so genannt werden möchte. Zum Beispiel könnte man
Allison fragen, ob sie schon mal „Alli" genannt wurde. Vielleicht ist
dies noch immer der Rufname, den sie im Freundeskreis hat, und
Allison antwortet, dass sie es gut fände, wenn neue Freunde sie

auch so nennen. Vielleicht kommt Allison ihren neuen Freunden auch zuvor und sagt von sich aus, dass sie sie „Alli" nennen sollen und nicht Allison. Die Verwendung des Spitznamens und die Aufforderung dazu werden wahrscheinlich schneller das Gefühl herbeiführen, dass aus Bekannten Freunde geworden sind.

Ich habe zwei Lieblingsspitznamen: Der eine gehörte meinem Vater, der andere einem seiner Cousins. Ihre eigentlichen Namen waren Henry und James. Ich wusste immer, wer zu ihren engsten Freunden gehörte, denn diese nannten die beiden „Pat" und „Chunka". Mein Vater bekam seinen Spitznamen von Schulfreunden, weil er als Junge in einer Schulversammlung eine Rede von Patrick Henry rezitiert hatte. James war ein ausgezeichneter Baseballspieler, der hammerharte Bälle werfen konnte und darum von seinen Teamkollegen als junger Baseballspieler „Chunka" genannt wurde.

Das Enthüllen von Informationen ist eine Technik, die das Austauschen vertraulicher Informationen erfordert. Dies kann ein Geheimnis oder ein Geständnis sein, wodurch Verletzlichkeit demonstriert und gezeigt wird, dass hier jemand Hilfe oder Schutz braucht. Bei der Enthüllung kann es sich um vertrauliche Informationen handeln, die in der Hoffnung weitergegeben werden, dass die neue Bekanntschaft sich als jemand Besonderes fühlt. Obwohl die Technik des Enthüllens von Informationen manchmal nützlich sein kann, geht sie meist nach hinten los, da der Empfänger der vertraulichen Informationen oft misstrauisch wird und wissen will, warum diese Informationen zu einem so frühen Zeitpunkt in der Beziehung enthüllt wurden. Außerdem könnte er sich fragen, was für persönliche und geschäftliche Informationen diese Person vielleicht sonst noch hortet. Einige Geschäftsleute bemühen sich um Nähe, indem sie nonverbale und verbale Sprache imitieren. Es kann sein, dass sie die Körpersprache ihres Gesprächspartners nachahmen, einschließlich der Körperhaltung und des Gangs. Dadurch wird unterbewusst eine Bindung aufgebaut. Außerdem passen sie sich der wahrgenommenen Gemütslage des Sprechers an, der vielleicht fröhlich, enthusiastisch, nachdenklich oder traurig scheint. Bei späteren Begegnungen versucht die andere Person vielleicht durch das Tragen ähnlicher Kleidung, die freundschaftliche Beziehung weiter zu vertiefen.

Das Imitieren kann sich auch auf die Sprache beziehen, bis hin zum Kopieren der Stimme und der Diktion. Es ist wichtig zu verstehen, dass jeder Gesprächsführer Sprache auf eine Weise benutzt, die viel über seine Bildung und seinen sozioökonomischen Status verraten kann. Jeder Gesprächsführer nimmt seinen Gesprächspartner auf Basis der Sprache unterschwellig als sich ähnlich oder anders wahr. Hört der Gesprächsführer den Worten seines Gesprächspartners aktiv zu, kann er erkennen, welche grammatikalischen Muster, welche Wörter und/oder Akzente dieser benutzt, die er vielleicht übernehmen möchte, um sich seinem neuen Gesprächspartner anzupassen, dabei eine Beziehung zu ihm aufzubauen und Unterschiede zu minimieren.

Verkaufsgespräche scheinen oft erfolgreicher zu verlaufen, wenn die Gesprächspartner „dieselbe Sprache sprechen". Die Menschen haben ein Gefühl der Verbundenheit, wenn ihre eigenen Worte als Echo zu ihnen zurückhallen. Wenn der Sprecher Begriffe verwendet, die dem Gesprächspartner geläufig sind, hört es sich an, als hätten sie sich verbal aufeinander eingestimmt, was die Wahrscheinlichkeit eines gegenseitigen Verständnisses erhöht. Die Mischung scheint den Kommunikationsprozess zu fördern. Ich will damit nicht empfehlen, dass Geschäftsleute ihre eigenen nonverbalen und verbalen Muster aufgeben und die der anderen Seite annehmen sollen. Ich schlage vielmehr vor, dass Geschäftsleute lernen, ihren Stil so zurechtzubiegen, dass sie Nähe aufbauen können und damit einen reibungslosen Geschäftsablauf begünstigen, um zu bekommen, was sie wollen, brauchen und verdienen.

Sie können den unterbewussten Aufbau einer Beziehung noch zusätzlich fördern, indem Sie eine subtile Technik anwenden, bei der auf zurückliegende Konversation zurückgegriffen und angezeigt wird, dass das Gesagte sensorisch erfasst wurde. Erfolgreiche Wirtschaftskommunikatoren können das tun, was auch Neurolinguisten tun, um die von einem Sprecher benutzten primären Sinnesdaten zu identifizieren. Die Menschen verlassen sich auf ihre fünf Sinne (Sehen, Hören, Riechen, Schmecken und Tasten), um Informationen zu interpretieren, während sie die zahlreichen Elemente durchsuchen, aus denen eine Botschaft besteht. Die Menschen sprechen über die Welt mit Bezug auf die Sinne, die sie benutzen, um ihre Welt zu interpretieren; dabei spielt ein Sinn als Mittel zur eigenen Wahrnehmung der Welt meist eine dominante Rolle. Achten Sie auf Sätze, die auf die Sinne bezogene Wörter enthalten, um zu ermitteln, wie Ihr Gesprächspartner die Welt interpretiert. Im Folgenden sind die fünf Sinne aufgelistet, jeweils mit Beispielen für Sätze, die Sprecher verwenden, die die Welt unter Verwendung eines bestimmten Sinns interpretieren.

Visuell orientiert: „Ich sehe, was Sie meinen.", „Das sieht für mich wunderbar aus.", „So wie ich das sehe ..."

Auditiv orientiert: „Was ich Sie da sagen höre ...", „Das hört sich für mich gut an.", „Diese Nachricht ist Musik in meinen Ohren."

Kinästhetisch (berührungs-)orientiert: „Ich fühle mich unwohl dabei.", „Mein Bauchgefühl sagt mir, dass ...", „Seine Bemerkung hat mich berührt.", „Die Bitte des Projektmanagers hat mich bewegt."

Geruchsorientiert: „An dem Deal ist etwas faul.", „Wir können uns nicht riechen.", „Ich rieche den Braten.", „Er wittert ein gutes Geschäft von Weitem."

Geschmacksorientiert: „Ich kann keinen Geschmack daran finden, mit dieser Firma Geschäfte zu machen.", „Ihre Werbemethoden haben bei mir einen bitteren Nachgeschmack hinterlassen.", „Mit ihrer zuckersüßen Art geht sie mir echt auf die Nerven.", „Seine bissigen Kommentare sind mir nicht entgangen.", „Er hat den Deal gewürzt mit …", „Die scharfen Bemerkungen des Vorstands …"

Noch eine ausgezeichnete Methode, um die unterschwellige Nähe zu einem Gesprächspartner zu intensivieren, ist die Verwendung von Wörtern, die im Berufs- und im Privatleben des Gesprächspartners wichtig sind. Sie sollten mit den Fachausdrücken vertraut sein, die in seiner Branche üblich sind, und auch mit den Begriffen, die er durch Aktivitäten außerhalb seines Arbeitsbereichs erworben hat. Diese Technik ist sehr effektiv und erfordert, dass Sie etwas über den Lebensstil und die Interessen des Gesprächspartners wissen. Dies macht Ihrem Kommunikationspartner auf unterschwellige Art deutlich, dass Sie wie er denken und seine Interessen teilen. Überlegen Sie zum Beispiel, wie viel schneller ein Pharmareferent mit einem HNO-Arzt, der auch Sportfan ist, eine Beziehung aufbauen kann, wenn er nicht nur die korrekten medizinischen Fachtermini aus dem Spezialgebiet dieses Arztes kennt, sondern auch solche Wörter verwendet, die der Doktor außerhalb seines Medizinerdaseins gern hört und benutzt. Aus dem Small Talk zwischen Arzt und Pharmareferent auf einem Medizinerkongress könnte sich leicht eine Diskussion über ein kürzlich im TV gezeigtes Baseballspiel entwickeln. Bei einem späteren Besuch in der Arztpraxis könnte der Pharmareferent unterschwellig mehr Nähe aufbauen, indem er Begriffe aus dem Sport in sein Verkaufsgespräch einfließen lässt. Er könnte zum Beispiel sagen, dass das neue Präparat bei der Behandlung von Otitis media alle Male abdeckt. Er hat eine Wendung aus dem Baseball „alle Male abdecken" und den korrekten Fachbegriff aus der HNO-Heilkunde für Mittelohrentzündung „Otitis media" verwendet. Heißt übersetzt: Das Medikament ist eine wirksame Behandlung bei Fieber, Schwellung und so weiter (alle Male) bei Patienten mit Mittelohrentzündung (Otitis media). Durch diese sehr effektive Technik werden Ihre Geschäftspartner das Gefühl haben, eng mit Ihnen verbunden zu sein. Schließlich sprechen Sie die gleiche Sprache.

Das letzte Nähe stiftende Instrument hat mit der Verwendung des Pronomens „Sie" zu tun; dies macht es dem Empfänger einfach, seine Rolle in der Botschaft zu verstehen. Wie zuvor dargelegt, mögen es Menschen, wenn sie ihren eigenen Namen hören. Sie mögen es auch, wenn sie leicht verstehen, was sie beim Interpretieren einer Botschaft verstehen müssen. Der Empfänger versteht die Botschaft im Sinne von „Was geht mich das an?" Der Sender kann es dem Empfänger leichter machen zu verstehen, was die Botschaft ihn angeht, indem er sie aus Sicht des Empfängers formuliert. Das lässt sich vielleicht am besten anhand des Beispiels des Pharmareferenten erklären, der sich mit dem Arzt unterhält: Der Pharmareferent kann zwischen zwei Arten wählen, wie er dem Arzt das Verabreichen eines neuen Medikaments erläutert. Er kann zum einen eine Sprache benutzen, die erfordert, dass der Arzt für sich selbst übersetzt, wie das Medikament verabreicht wird: „Das Medikament wird dreimal täglich zu den Mahlzeiten eingenommen." Alternativ kann er in einer einfachen, klaren Sprache sagen: „Erklären Sie Ihrem Patienten, dass er das Medikament dreimal täglich zu den Mahlzeiten einnehmen soll." Die Menschen reagieren eher auf das, was sie sofort verstehen, und das Pronomen „Sie" erleichtert das Verständnis. Diese Technik ist eine der einfachsten und effektivsten unterschwelligen Techniken zum Aufbau von Nähe.

Übernehmen Sie bei Gesprächen die Kontrolle

Erfolgreiche Gesprächsführer sind sich der Risiken und Kommunikationsausfälle bewusst, die an jedem Punkt eines Gesprächs auftreten können. Sie sind bereit, dieses Risiko einzugehen, und zögern nicht, als Erstes „Guten Tag" zu sagen, sich vorzustellen und Gesprächsthemen vorzubringen. Um bei einem Gespräch die Kontrolle zu übernehmen, müssen Sie offen, freundlich und an jedem Gesprächspartner aufrichtig interessiert sein. Darüber hinaus müssen Sie offen für neue Ideen, Themen und Menschen sein. Nehmen Sie die Menschen so, wie sie sind, und nicht, wie andere sie gern hätten. Wenn jemand fragt: „Was gibt es Neues?", seien Sie darauf vorbereitet, eine Antwort zu geben, die etwas mehr beinhaltet als ein lahmes „Nicht viel", „Nichts"," „Wie immer" oder „So la la." Antworten Sie mit Themen, über die Sie gern reden würden, weil Sie sind, wer Sie sind, bestimmte Erfahrungen gemacht haben und nach Neuem suchen. Wenn Sie mit Ihren Ideen, neueren Erfolgen oder Fragen zu den Dingen antworten, wonach Sie suchen, wird aus Ihrem Small Talk ein Smart Talk.

Der Weg zum Erfolg führt über offene Fragen. Offene Fragen sind Fragen, bei denen mehr gefragt ist als eine Ja- oder Nein-Antwort, zum Beispiel „Erzählen Sie mir von …" oder „Welches ist die größte Herausforderung, der Sie sich in Ihrem Beruf stellen müssen?"

SCHÖNHEIT OHNE VERSTAND

ist wie ein Buch ohne Wörter.

– Jane Hight McMurry

KAPITEL NEUN

Mitternacht
IM DSCHUNGEL

Networking und die Dreier-Regel

Das Geheimnis des Fortschrittemachens liegt im Anfangen.

– Sally Berger

Die unkompliziertesten Menschen, die man im Dschungel antrifft, sind die Mauerblümchen. Sie werden sich über Ihre Aufmerksamkeit freuen! Initiieren Sie die Begegnung, indem Sie das Gespräch mit einem neutralen Kompliment eröffnen (ohne Bezug auf den Körperbau oder persönliche Details), sich vorstellen und Ihren Gesprächspartner fragen, woher er den Gastgeber kennt, oder ihm eine unverfängliche Frage stellen wie „Entschuldigung, verraten Sie mir, was Sie essen? Das sieht köstlich aus …"

Wenn Sie Interesse an den Personen zeigen, die Sie treffen, indem Sie etwas über ihre Arbeit, Firmen und Interessen in Erfahrung bringen – und über andere Dinge sprechen als das Wetter – wird Ihnen dies helfen, persönliche Beziehungen aufzubauen, die zu einer Geschäftsbeziehung führen können. Demonstrieren Sie Ihr Interesse dadurch, dass Sie Feedback geben, nicken, paraphrasieren und LÄCHELN!

Wenn Sie sich aus geschäftlichen Gründen auf eine Veranstaltung begeben, sollten Sie ein Networking-Ziel mit vielleicht drei bis fünf Folgeterminen im Blick haben. Verdeutlichen Sie sich, was Sie zu erfahren hoffen, und bereiten Sie zwei Fragen vor, um die gewünschten Informationen zu bekommen. Konzentrieren Sie sich bei großen Zusammenkünften auf vielversprechende Interessenten wie bei einem systematischen Geschäftsbesuch. Stellen Sie Fragen, um mögliche Kunden auszumachen. Wandern Sie nicht ziellos umher! Sorgen Sie dafür, dass die anderen sich wohlfühlen, und bringen Sie die Leute, denen Sie begegnen, dazu, von sich zu erzählen. Es ist in Ordnung zu fragen, aus welchem Grund sie an der Veranstaltung teilnehmen. Versetzen Sie sich in den Gastgebermodus. Treten Sie so auf, als würden Sie dazugehören und wären begeistert, dabei zu sein!

Fangen Sie Gespräche mit Menschen, die Ihnen unbekannt sind, damit an, dass Sie sich zunächst vorstellen, einen kleinen Köder für den Gesprächseinstieg anbieten und eine Frage stellen. Zum Beispiel so: „Guten Tag, ich bin Jane Hight McMurry und Referentin hier auf dem Kongress. In welcher Funktion sind Sie auf diesem Kongress?" Die meisten werden als Reaktion darauf ihren Namen und ihre Funktion nennen. Sprechen Sie zu Beginn eines Gesprächs mit jemandem, den Sie erst kennenlernen, nicht über sich und Ihren Job. Damit stellen Sie sich zu sehr in den Vordergrund. Fragen Sie nach Dingen, die einen Bezug zur Situation haben, oder danach, warum Ihr Gesprächspartner an der Veranstaltung teilnimmt. Zeigen Sie Interesse an Ihrem Gegenüber, an seinem Job, an seiner Firma. Lenken Sie das Gespräch in diese Richtung, anstatt über den Sport, das Wetter oder Themen aus dem Bereich Unterhaltung zu sprechen, was nicht zum Austausch von Informationen führen wird, aus denen eine Geschäftsbeziehung entsteht. Themen, die sich als Gesprächseinstieg eignen, sind:

- „Welches war die beste Sitzung, an der Sie heute teilgenommen haben, und was hat Ihnen daran gefallen?"
- „Auf welches Event freuen Sie sich?"

Wahrscheinlich werden die anderen Sie dann etwas über Ihre Firma fragen, und dann können Sie gern Informationen über sich und Ihre Firma weitergeben, aus denen sich zukünftige Geschäfte ergeben können. Fassen Sie sich bei einem Gespräch über sich und Ihr Unternehmen kurz. Sie können dem anderen anbieten, dass Sie sich freuen würden, ihm weitere Informationen über Ihr Unternehmen zukommen zu lassen, und Sie gern Visitenkarten tauschen können. Damit haben Sie einen Anlass, noch mal schriftlich nachzuhaken. Denken Sie daran, Sie sollten etwa alle acht Minuten den Gesprächspartner wechseln.

Eine gute Unterhaltung ist wie ein gutes Tennisspiel: Es besteht ein ständiger Wortwechsel zwischen den Gesprächspartnern. Geben Sie das Gespräch auch an die andere Seite ab. Unterhaltungen machen wie Tennis nur dann Spaß, wenn sie nicht einseitig sind.

Sie sollten als Erstes Interesse an anderen zeigen, aber wenn man Ihnen Fragen zu Ihrer Person stellt, beherzigen Sie die folgende *Dreier-Regel*.

Dreier-Regel

Regel eins

Erzählen Sie in den ersten drei Sekunden in wenigen Worten, was Sie tun. Wenn ich zum Beispiel gefragt werde, was ich tue, sage ich: „Ich bringe anderen Menschen bei, wie sie bekommen, was sie wollen, brauchen und verdienen."

Regel zwei

Wenn Sie 30 Sekunden zur Verfügung haben und Ihr Gesprächspartner fragt: „Wie machen Sie das?", oder wenn er sagt: „Darüber möchte ich gern mehr erfahren", erzählen Sie ihm in 30 Sekunden, wer Ihre Kunden sind, was Sie einzigartig macht und auf welche Art Sie helfen. Gehen Sie nicht zu sehr in die Tiefe – Sie wollen Kontakte für die Zukunft knüpfen! Ich sage Folgendes: „Ich trete als Rednerin auf und halte Schulungen, Workshops und Seminare ab. Die Inhalte richten sich nach den Zielgruppen. Ich liebe Musik im Allgemeinen und die Beatles im Speziellen, daher spielen in meinen Vorträgen die Musik und vor allem die Beatles eine Rolle." (Achtung: Gesprächsköder).

Regel drei

Ist der Zuhörer weiterhin interessiert, befragen Sie Ihren Gesprächspartner drei Minuten lang oder länger zu seinem Unternehmen. Ich sage: „Erzählen Sie mir etwas über Ihr Geschäft." Je nachdem, was mir mein Gesprächspartner erzählt, wo bei ihm Bedarf besteht, sei es im Bereich Führungskompetenz, Teamwork, Kundenservice oder nützliche Informationen für Frauen, setze ich mein Gespräch wie nachfolgend beschrieben fort.

„Ich präsentiere eine Reihe von *‚Ticket to Ride'* –Programmen und vermittle Geschäftsleuten mithilfe von Geschichten über und Musik von den Beatles soziale Kompetenzen." Ist mein Gesprächspartner eine Frau, die zu einer Gruppe von Frauen gehört, sage ich: „Ich präsentiere ein bekanntes Programm für Frauen mit dem Titel *Elegant durch den Business-Dschungel – Geniale (Über-)Lebensstrategien für Powerfrauen*, mit dem Frauen lernen, durch höfliches, aber gewaltiges Brüllen zu bekommen, was sie wollen, brauchen und verdienen. Ich arbeite gern mit Frauen und es macht mir Spaß, mein Material so anzupassen, dass sich ihr Privat- und Berufsleben dadurch ändert."

Bei einem Folgetreffen können Sie noch mal 30 Minuten sprechen oder auch drei Stunden. Wenn ich bei einem Networking-Event bin und mein Gegenüber mehr Informationen haben möchte, sage ich: „Vielen Dank für Ihr Interesse. Ich würde gern mehr über Sie und Ihr Geschäft erfahren. Es wäre mir ein Vergnügen, Ihnen mehr darüber zu erzählen, wie meine Programme Menschen zum Erfolg verhelfen, aber ich möchte auf dieser großartigen Veranstaltung nicht zu viel von Ihrer Zeit beanspruchen. Wir sind ja beide hier, um mit vielen Menschen Kontakt aufzunehmen, und ich möchte nicht, dass Sie die Gelegenheit verpassen, neue Menschen kennenzulernen und alte Bekannte zu begrüßen, mit denen Sie sprechen wollten. Setzen wir unser Gespräch doch ein anderes Mal fort, wenn wir uns aufeinander konzentrieren können. Sollen wir uns diese Woche auf eine Tasse Kaffee treffen?"

Planen Sie eine Begegnung zu einem späteren Zeitpunkt, damit Sie sich nicht die Chance verbauen, auf dem gegenwärtigen Event weitere Kontakte zu knüpfen. Tauschen Sie Kontaktdaten aus. Allgemein ist es am besten, für das Treffen einen neutralen Ort vorzuschlagen, zum Beispiel ein Café, damit Sie nicht zu fordernd wirken oder als würden Sie erwarten, dass der Andere sich zu etwas verpflichtet. Wenn Sie sich nicht verabreden, schicken Sie zumindest eine kurze E-Mail oder Karte, in der steht, dass Sie sich gefreut haben, die andere Person kennenzulernen.

Eine gute Möglichkeit, um Menschen kennenzulernen, ist der Team-trick, bei dem Sie sich mit einem Freund zusammentun, der auch auf der Veranstaltung ist. Der Teamtrick funktioniert folgendermaßen: Sie und Ihr Freund trennen sich, nachdem Sie den Gastgeber und die Ehrengäste begrüßt haben. Machen Sie die Runde, wie zuvor besprochen. Gesellen Sie sich später zu der Gruppe, zu der Ihr Freund inzwischen gehört, und stellen Sie sich neben ihn oder ein Stück seitlich hinter ihn, damit er Sie sehen kann. Entsteht eine Gesprächspause, sollte Ihr Freund Sie vorstellen und Informationen über Sie anbieten, die Ihre neuen Kontaktpersonen interessieren werden. Das Nützlichste an dieser Vorstellung ist, dass Sie beide sich gegenseitig vor der Gruppe mit Lobeshymnen überschütten können, und Ihnen die Peinlichkeit erspart bleibt, sich selbst zu loben.

Lösen Sie sich dann wieder von der Person oder der Gruppe, mit der Sie sich unterhalten, indem Sie ein Gesprächsfazit ziehen, sich bedanken, sich per Handschlag verabschieden und dann Ihrer Wege gehen. Strecken Sie beim Verabschieden Ihre Hand aus und sagen Sie etwas wie „Brenda, es hat mich gefreut, Sie kennenzu-lernen und etwas über Ihre Reise nach London zu erfahren. Vielen Dank, dass Sie mich an Ihren Erlebnissen haben teilhaben lassen. Ich hoffe, wir können uns demnächst mal treffen." Lächeln Sie und gehen Sie weiter. Wenn die andere Person klammert, könnten Sie hinzufügen: „Mischen wir uns unters Volk. Ich hoffe, wir sehen uns noch mal vor dem Ende der Veranstaltung." Damit ist die Person, die Sie gerade verlassen, zufrieden (Sie haben demonstriert, dass Sie zugehört haben, indem Sie das Gespräch noch einmal zusam-mengefasst haben), sie fühlt sich gut (Sie haben ihr gedankt und ihr die Hand geschüttelt), und Sie haben den Wunsch signalisiert, später noch einmal mit ihr Kontakt aufzunehmen. Außerdem hat sie jetzt die Gelegenheit, weiter uneingeschränkt Networking zu betreiben, wohingegen ein Gesprächsende wie „Entschuldigen Sie bitte, ich habe Durst und brauche einen Drink" auf mindestens dreierlei Arten fehlinterpretiert werden kann. Erstens kann es sein, dass die andere Person erwartet, dass Sie zurückkommen; zweitens kann es sein, dass sie denkt, Sie hätten gern Gesellschaft an der Bar; und drittens kann es sein, dass sie das Gefühl hat, Sie würden sich in ihrer Gesellschaft langweilen.

Manche ziehen sich aus einem Gespräch zurück, indem sie etwas sagen wie „Es hat mich gefreut, mich mit Ihnen zu unterhalten. Sollen wir uns unters Volk mischen?" oder „Mischen wir uns unters Volk. Ich hoffe, wir begegnen uns später noch einmal, bevor die Party vorüber ist." Ich finde diese Technik ein wenig befremdlich und bevorzuge die zuvor beschriebene und etwas freundlichere Variante.

Es kann passieren, dass Sie sich mit jemandem unterhalten, der sich im Raum umsieht, anstatt Sie anzusehen, und den Eindruck macht, als würde er sich gar nicht für das interessieren, was Sie sagen. Dieser Gesprächspartner macht vielleicht einen halbherzigen Versuch, ins Gespräch zu kommen, aber Sie spüren, dass er Ihnen nicht zuhört. In solchen Fällen haben Sie mehrere Optionen.

Als Erstes können Sie versuchen, sich voll auf Ihren Gesprächspartner zu konzentrieren und sich über die enorme Bandbreite seiner möglichen Bedürfnisse Gedanken machen. Es kann sein, dass er zu anderen Leuten hinübersieht, weil er Angst hat, dass er etwas verpassen könnte, oder vielleicht sucht er den Raum auch nach einer bestimmten Person ab. Andererseits könnte es auch sein, dass er nervös wird, wenn er länger mit jemandem spricht. Schließlich könnten Sie auch in Erwägung ziehen, dass er einfach kein Interesse an einem Gespräch mit Ihnen hat und nicht gelernt hat, wie man eine Unterhaltung höflich beendet. Sie haben die Pflicht, das Gespräch so taktvoll wie möglich zu beenden und weiterzuziehen. Tun Sie dies, indem Sie eine Gesprächspause nutzen (je eher desto besser) und sich so verabschieden, wie zuvor besprochen, das heißt, indem Sie lächeln, die Unterhaltung zusammenfassen, Ihrem Gesprächspartner danken, ihm die Hand schütteln und weitergehen.

Apropos Pausen: Tatsächlich ist eines der wirksamsten Elemente überzeugender Kommunikation ein Nichts – die Pause! Erfolgreiche Wirtschaftskommunikatoren nutzen Pausen, die drei bis vier Sekunden dauern, damit die Bedeutung ihrer Botschaft sich setzt, um dramatische Effekte zu erzeugen und um Aufmerksamkeit auf sich zu ziehen. Anstatt bedeutungslose Wörter zu benutzen, sagen Sie einfach gar nichts. Ein Moment der Stille hat eine große Wirkung.

Visitenkarten

Sie sollten reichlich aktuelle Visitenkarten oder „Social Cards" dabei haben, wenn Sie vorhaben, sich im Dschungel mit Leuten zu treffen. Auf einer Visitenkarte stehen der Name Ihrer Firma, Ihre Geschäftsadresse, Telefonnummern, E-Mail-Adresse und/oder andere geschäftlich relevante Informationen. Eine Social Card enthält nur Ihren Namen und Ihre gesellschaftlichen Kontaktdaten – für gewöhnlich die eigene Telefonnummer und Adresse. Ihre Karten sind Spiegel Ihrer Qualität. Es ist wichtig, dass sie sauber sind und professionell wirken und die Informationen darauf stimmen. Korrigieren Sie Informationen auf Ihren Karten nicht handschriftlich. Lassen Sie sofort neue Karten mit den korrekten Informationen drucken.

Verteilen Sie Ihre Karten nicht wie Bonbons. Dadurch erwecken Sie den Anschein, dass Ihre Karte nicht wichtig ist. Suchen Sie nach einem Grund, jemandem Ihre Visitenkarte zu geben. Überlegen Sie, während Sie zuhören, über welche Ressourcen oder Kontakte Sie verfügen, die für den anderen interessant oder hilfreich sein könnten. Durch Zuhören bekommen Sie den Grund geliefert, um die Person, mit der Sie sich gerade unterhalten, nach ihrer Karte zu fragen und ihr Ihre Karte anzubieten. Zum Beispiel so: „Ich habe gerade einen wunderbaren Artikel darüber gelesen. Den werde ich Ihnen zukommen lassen." Oder so: „Meine Freundin Katherine arbeitet bei internationalen Importeuren. Es wäre mir eine Freude, Kontakt zwischen Ihnen herzustellen."

Wenn jemand Ihnen Informationen anbietet, ist dies für Sie die perfekte Gelegenheit, um zu sagen: „Vielen Dank, dass Sie mir diese Information schicken. Hier ist meine Karte." Handelt es sich jedoch bei der anderen Person um jemanden, der geschäftlich einen wesentlich höheren Rang bekleidet als Sie, ist es angebracht, dass Sie warten, bis die andere Person um das Tauschen der Karten bittet.

Setzen Sie Karten richtig ein. Präsentieren Sie Ihre Visitenkarte so, dass die andere Person die bedruckte Seite sehen kann. Visitenkarten werden häufig beim Vorstellen ausgetauscht, und in einigen Kulturen wird das Austauschen von Karten in solchen Vorstellungsrunden auch erwartet. Nehmen Sie eine Visitenkarte entgegen, als wäre sie ein Geschenk. Nicken Sie anerkennend und bedanken Sie sich, während Sie die Karte der anderen Person entgegennehmen, und lassen Sie sich einen Augenblick Zeit, um sie zu lesen.

Stellen Sie Fragen, mit denen Sie demonstrieren, dass die Informationen von der Karte Sie interessieren. Falten Sie die Karte nicht und schreiben Sie auch nichts darauf, solange der Kartengeber in Ihrer Nähe ist. Wenn Sie sich zu dieser Person Notizen machen möchten, warten Sie, bis Sie ungestört sind. Legen Sie die neue Karte in Ihr Visitenkartenetui oder in ein anderes passendes Behältnis, mit dem Sie der Karte und dem Kartengeber gegenüber

Respekt bekunden. Sie sollten die Karte zum Beispiel nicht in Ihre Gesäßtasche stecken, wo Sie sich draufsetzen. Tragen Sie die Karten in einem Etui bei sich, das das von Ihnen gewünschte Bild vermittelt. Manche Etuis haben verschiedene Fächer für die eigenen Karten und fremde Karten. Sorgen Sie für irgendein System, mit dem Sie sicherstellen, dass Sie nicht aus Versehen die Visitenkarte eines anderen herausgeben.

Tauschen Sie niemals in der Öffentlichkeit Visitenkarten aus, wenn die Veranstaltung, an der Sie teilnehmen, in erster Linie einen gesellschaftlichen Anlass hat wie eine Hochzeit oder ein kleines Dinner bei jemandem zu Hause. Gehen Sie diskret vor, wenn Sie bei gesellschaftlichen Events Visitenkarten tauschen wollen.

Sie sollten wissen, welches Visitenkarten-Protokoll in der Kultur Ihres ausländischen Geschäftspartners gilt. Visitenkarten sind ein wichtiges Instrument, um Kontakte ins Ausland zu knüpfen und aufrechtzuerhalten. In China und Japan wird erwartet, dass Visitenkarten während der Vorstellungsrunde mit beiden Händen präsentiert und entgegengenommen werden, die Daumen sind dabei an den oberen Kartenrändern, damit die Karte für den Empfänger leicht zu lesen ist. Im Nahen Osten jedoch und in einigen Teilen Asiens wird die Visitenkarte nur mit der rechten Hand präsentiert, weil die linke Hand der Körperhygiene dient und deshalb als unrein gilt.

Drucken Sie Ihre Informationen in einer Sprache auf die Karte, die die Leute, die Sie wahrscheinlich kennenlernen, sprechen. Vergessen Sie Ihren Titel nicht, denn in einigen Kulturen wird der Titel als Erweiterung des Personennamens interpretiert, die ihn angegeben hat. Wählen Sie für Ihre Karte qualitativ hochwertiges weißes oder beigefarbenes Papier und bedrucken Sie sie mit schwarzer Tinte (je nachdem, in welchem Metier Sie tätig sind, können sich auch andere Farben eignen). Ihre Karte ist ein berührbares Abbild Ihres Ichs, das andere benutzen werden, um sich an Sie zu erinnern.

Hinterlassen Sie einen bleibenden Eindruck

Eine Voraussetzung dafür, dass man anderen im Gedächtnis bleibt, ist, dass man sich wiederholt in Erinnerung bringt. Es reicht nicht, dass man etwas einmal sagt oder tut und es dann dabei belässt. Erfolgreiche Geschäftsleute sagen das, was sie wollen, so oft, wie es nötig ist, um die gewünschte Reaktion zu bekommen. Würden Sie sich an eine Werbung erinnern, wenn Sie sie nur einmal sehen würden? Verbraucher, die wiederholt Botschaften ausgesetzt sind, kaufen irgendwann die Produkte, Dienstleistungen und so weiter, an die sie sich aufgrund der Wiederholung erinnern.

Darüber hinaus müssen Sie bei den Personen, mit denen Sie Kontakt knüpfen, mehrfach Eindruck hinterlassen, um ein Markenbewusstsein aufzubauen. Das Wiederholen steht in direktem Zusammenhang mit dem Positionieren. Wenn Sie auf Leute treffen, mit denen Sie ein Netzwerk aufbauen möchten, sollten Sie noch mit Hunderten anderen Personen Kontakt aufnehmen, die Ihnen dabei helfen können, Ihre Ziele zu erreichen.

Sie sollten sich gegenüber den Menschen, denen Sie begegnen, durch drei Attribute auszeichnen – seien Sie wertvoll, höflich und klug. *Seien Sie wertvoll*, indem Sie den Kontakt zu den Personen, die Sie kennengelernt haben, basierend auf ihren Bedürfnissen ausbauen, von denen Sie durch Zuhören wissen. Schreiben Sie eine E-Mail, rufen Sie an, schicken Sie Artikel/Informationen oder senden Sie Einladungen zum Kaffee, Golfspielen oder Ähnliches innerhalb von zwei Arbeitstagen nach der Begegnung auf der Veranstaltung, denn die Leute werden sich dann noch an Sie erinnern. *Seien Sie höflich*, indem Sie ein Dankesschreiben senden. *Seien Sie klug*, indem Sie Kontaktdaten speichern und sich Informationen über andere in Ihrer Datenbank in Erinnerung rufen, damit Sie ihnen helfen können, wenn Sie einen Grund haben, ihnen zu helfen!

DU SOLLST NICHT STEHLEN, fluchen
oder betteln. Doch wenn du stehlen musst … stiehl
dich aus schlechter Gesellschaft davon.
Wenn du fluchen musst, fluche nur, um die Wahrheit
zu sagen. Wenn du betteln musst, bettle bei jemandem
um Verzeihung, dem du Unrecht getan hast.

– Rat der Mutter an ihre Tochter

KAPITEL ZEHN

Tod
SÜNDEN

Fauxpas, die einen die fette Beute kosten können

Fehler gehören zu dem Lehrgeld, das man zahlt, wenn man das Leben voll auskostet.

– Sophia Loren

Zu den Todsünden in Gesprächen zählt, wenn man den anderen unterbricht, seine Sätze vollendet, sagt, dass man die Geschichte oder den gerade erzählten Witz schon kennt, wenn man ihn kritisiert, gelangweilt wirkt und wenn man belanglose Fakten korrigiert, was der Person, die korrigiert wird, immer peinlich ist. Man wird Sie schlichtweg für arrogant, flegelhaft und unsensibel halten. Wer andere in der Öffentlichkeit wegen Nichtigkeiten korrigiert, ist der größte Verlierer von allen. Diese Person macht nicht nur private, sondern auch geschäftliche Beziehungen kaputt, da ihr Mangel an Sensibilität anderen gegenüber sie als eine Person kennzeichnet, die allen gegenüber unsensibel ist. Seien Sie freundlich, zeigen Sie Interesse und stellen Sie unverfängliche Fragen.

Eine Freundin erzählte mir eine Geschichte über ein junges Mädchen, das furchtbar launisch war. Ihre Eltern wussten, dass sie sich mit ihren Launen das Leben schwermachen würde. Doch egal, wie sehr sie auf ihre Tochter einredeten, sie verlor immer wieder die Beherrschung.

Da hatte der Vater eine Idee. Einen Tag, nachdem sie wieder einen unerfreulichen hysterischen Ausbruch hatte, beschloss er, seiner Tochter, anstatt sie auszuschimpfen, ein Geschenk zu geben. Zur Überraschung des Mädchens war das Geschenk eine Tüte Nägel. „Wofür sind die denn?", fragte das verdutzte Mädchen seinen Vater. „Jedes Mal, wenn du die Beherrschung verlierst, musst du in den Garten gehen und einen Nagel in die Rückseite des Zauns hauen."

Das Mädchen verlor noch viele Male seine Beherrschung, und am Ende des ersten Tages hatte es 29 Nägel in den Zaun gehämmert. Sein Arm begann wehzutun. Es fing an, Kontrolle über seinen Zorn zu gewinnen, und am Ende des zweiten Monats war die Anzahl der eingehämmerten Nägel auf nur noch einen pro Tag zurückgegangen. Schließlich kam der Tag, an dem das Mädchen nicht ein einziges Mal seine Beherrschung verlor. Es hatte entdeckt, dass es einfacher war, sich zu beherrschen, als den Hammer zu halten und Nägel in den Zaun zu hämmern. Aufgeregt rannte die Tochter zu ihrem Vater und verkündete strahlend: „Dad, ich musste heute nicht einen einzigen Nagel einschlagen!" Der Vater gratulierte ihr. Dann sagte er seiner Tochter, dass sie zur Belohnung an jedem Tag, an dem sie sich beherrschen konnte, einen Nagel aus dem Zaun ziehen dürfte.

Zwei weitere Monate später ging das Mädchen zu seinem Vater und erklärte noch stolzer als zuvor, dass es alle Nägel entfernt hätte. Der Vater nahm seine Tochter bei der Hand und ging mit ihr zum Zaun. Er sah sich den Zaun an und sagte: „Du hast hart gearbeitet, aber sieh dir die Löcher im Zaun an. Der Zaun wird niemals derselbe sein wie vorher. Wenn du Dinge im Zorn sagst und tust, werden deine Worte und Handlungen Narben hinterlassen, die ewig bestehen bleiben." Der Vater sah seiner Tochter direkt in die Augen und gab ihr eine letzte Lektion mit auf den Weg: „Denke immer daran, dass Worte genauso schlimme Wunden verursachen können wie Schläge."

Nehmen Sie sich einen Moment Zeit, um über die Worte nachzudenken, die Sie verwenden, und die Art, wie Sie sie verwenden. Wofür setzen Sie Worte ein? Wenn Sie sie benutzen, um zu klatschen, sich über jemanden lustig zu machen, Gerüchte zu verbreiten, andere nachzuäffen und zu erniedrigen, hinterlassen Sie Löcher in den Zäunen, die um die Herzen anderer Menschen gebaut sind, und ohne es selbst zu merken, hinterlassen Sie auch große Löcher in Ihrem eigenen Herzen. Denken Sie nach, bevor Sie etwas sagen.

Wenn Sie anderen eine Bestätigung geben, sie unterstützen, ihnen vergeben, ihnen etwas ermöglichen und ihnen Dinge zugutehalten, wird dies helfen, die Löcher wieder zu schließen, die Sie gemacht haben, oder die Löcher, die in Ihrem eigenen Herzen sind. Sie können der Welt als Erbe entweder Löcher hinterlassen oder diese schließen. Wählen Sie Worte, die konstruktiv sind und nicht zerstörerisch.

Der erste Fauxpas, den Sie in einem Gespräch umgehen sollten, ist, etwas Schlechtes über jemanden zu sagen, oder etwas, was ihm schaden könnte. Sie werden derjenige sein, der danach schlecht dasteht. Menschen, die schlecht über andere reden, haben den

Ruf, negativ zu sein, und werden tendenziell gemieden, weil Zuhörer befürchten, dass sie das nächste Ziel der Person sein werden, die schlecht über andere spricht.

Der zweite Fauxpas, den man im Gespräch begehen kann, ist es, unerwünschte Ratschläge zu erteilen. Wenige Leute schätzen es belehrt zu werden, selbst, wenn sie um Rat fragen. Menschen, die Ratschläge geben, klingen wie Lehrer oder Eltern, also sollten Sie sich das für Zeiten aufsparen, in denen Sie in einer dieser Rollen stecken.

Der dritte Fauxpas in einem Gespräch ist, über Geld zu reden, zum Beispiel darüber, wie viel Dinge kosten, und über Liebe – Ihre eigene und die anderer Personen. Bei solchen privaten Themen fühlen andere sich unwohl, daher sollten Sie Gespräche darüber nur mit Personen führen, die Ihnen sehr nahestehen.

Um zu bekommen, was Sie wollen, müssen Sie den richtigen Ton anschlagen. Sie müssen laut genug sein, um gehört zu werden und die Aufmerksamkeit auf sich zu ziehen, die Sie brauchen, um das zu bekommen, was Sie haben wollen.

KAUEN SIE IN DER ÖFFENTLICHKEIT KEIN KAUGUMMI. Mit Kaugummi im Mund sehen Sie aus wie ein zweibeiniger Wasserbüffel.

Alkohol ruiniert Karrieren und Leben. Sie mögen sich für trinkfest halten und glauben, dass Sie beim Trinken Ihre Würde behalten, doch ein Schluck zu viel kann dazu führen, dass Sie Ihre Würde und Ihre Selbstbeherrschung verlieren. Menschen, die ihre Selbstbeherrschung aufs Spiel setzen, setzen ihr Geschäft aufs Spiel. Lassen Sie nicht zu, dass Ihr Verhalten nach Feierabend die harte Arbeit sabotiert, die Sie während des Tages geleistet haben, um etwas zu erreichen. Illegale Substanzen sind eben dieses: illegal. Wenn Sie erwischt werden, können Sie Ihren Job verlieren und damit die Chance verpassen zu bekommen, was Sie wollen, brauchen und verdienen.

KAPITEL ELF

Im Dschungel
ECHTEN MUMM BEWEISEN

Die Macht der Höflichkeit

Und ist das Leben noch so kurz,
für Höflichkeiten muss immer Zeit sein.

– Ralph Waldo Emerson

Seien Sie im Dschungel unheimlich höflich. Gute Manieren sind der Mumm, der Sie von der Herde unterscheidet. Es ist Quatsch, dass die netten Mädchen es nicht ins Eckbüro schaffen. Nette Frauen schaffen das, denn gute Manieren und Etikette sind befreiend. Sie befreien Sie davon, über sich selbst nachzudenken, sodass Sie sich auf andere Menschen konzentrieren können. Die Leute, mit denen Sie arbeiten, werden produktiver, loyaler und eher bereit sein, Ihnen zu folgen. Die Leute werden sich dazu entschließen,

Geschäfte mit Ihnen zu machen. Bei gleichwertigen Produkten und Dienstleistungen werden die Leute mit denjenigen Geschäfte machen, die sie mit Höflichkeit und Respekt behandeln. Sie werden sogar mehr dafür bezahlen, mit Ihnen Geschäfte zu machen! Feilen Sie an Ihren Manieren. Lesen Sie ein Buch über Benimmregeln. Gute Manieren und Etikette sind die Grundlagen einer Kommunikation, mit der Sie das bekommen, was Sie wollen.

Seien Sie nett zu den Menschen. Lächeln Sie. Die meisten Menschen, denen Sie begegnen, wurmt irgendetwas, egal ob sie reich oder arm sind, lächeln oder die Stirn in Falten legen. Ihr Lächeln und Ihre freundlichen Worte können mehr bedeuten, als Sie sich vorstellen können. Es kostet nichts, freundlich zu den Menschen zu sein, und es bedeutet mehr als jedes Geschenk, das für Geld zu haben ist. Emerson schrieb: „Freundlichkeit ist eines der schönsten Geschenke im Leben. Wir können niemals anderen helfen, ohne uns selbst zu helfen."

Behandeln Sie jeden mit Respekt. Es kann sein, dass Sie gebildeter und erfahrener sind, auf einen imposanteren Stammbaum zurückblicken können und mehr Geld in den Taschen haben als die Menschen, mit denen Sie arbeiten, aber darum sind Sie auch nicht besser als alle anderen. Behandeln Sie jeden Menschen, dem Sie begegnen, mit Respekt.

Es ist wichtig, Menschen zu danken. Im Geschäftsleben zählt nicht nur, wen Sie kennen, sondern auch, wem Sie Danke sagen. Eine wichtige Methode, um Ihre Geschäftsbeziehungen zu stärken, ist, jedem Wertschätzung entgegenzubringen, der Ihnen wichtig ist. Jeder mag es, wenn man ihn wertschätzt. Es ist wichtig, den Leuten zu danken, mit denen Sie Geschäfte machen, und auch allen anderen in Ihrem Leben, die Ihnen bei etwas helfen.

Es gibt keine „kleinen Leute". Es ist wichtig, dass Sie Ihrem Personal für seine Unterstützung danken. Wenn man Mitarbeiter fragt, was sie motiviert, ihr Bestes zu geben, sprechen die meisten nicht über ihre Bezahlung oder andere Vergünstigungen. Sie sagen vielmehr, dass sie eher bereit sind, hart zu arbeiten, wenn sie wissen, dass man sie schätzt. Wenn Sie Ihren Mitarbeitern Wertschätzung für ihre Bemühungen entgegenbringen, wird dies ihre Leistung steigern und das wiederum ist gut für Ihr Geschäft. Vergessen Sie nicht, auch Ihrem Wartungspersonal zu zeigen, dass Sie seine Arbeit schätzen – diese Leute sorgen dafür, dass Ihre Firma gut aussieht. Niemand kann Ihre Gedanken lesen. Sie müssen von sich aus tätig werden, um andere wissen zu lassen, wie viel deren Anstrengungen Ihnen bedeuten. Stille Dankbarkeit ist sinnlos.

Eine effektive Art, wie Sie höflich sein können, ist, den Leuten, die Ihnen helfen, handschriftlich zu danken. Je eher Sie ein Dankesschreiben verfassen, desto stärker ist seine Wirkung – nehmen Sie sich vor, diese Nachricht innerhalb von zwei Arbeitstagen zu schreiben, nachdem Ihnen eine Gefälligkeit erwiesen wurde.

Schwarze Tinte wirkt am professionellsten, gefolgt von blauer Tinte. *Benutzen Sie Ihr eigenes Briefpapier* – kein Firmenbriefpapier. Firmenpapier ist Korrespondenz vorbehalten, die die Firmenpolitik widerspiegelt. Benutzen Sie es niemals für private Korrespondenz. Frauen können ihre Nachricht auf eine Briefkarte schreiben, auf Briefpapier oder auf eine weniger formelle Klappkarte. (Traditionelle Verhaltensregeln in den USA legen Männern nahe, nicht auf Klappkarten zu schreiben, da diese den Frauen vorbehalten sind). Vermeiden Sie niedliches, mit Blumen bedrucktes Papier, wenn Sie jemandem für etwas danken, das mit der Firma zu tun hat. Wählen Sie qualitativ hochwertiges Papier, das die von Ihnen gewünschte Qualität widerspiegelt.

Ich hatte mal einen 28 Jahre alten Kunden, der seine Arbeitsstelle bei einer New Yorker Bank verlor. Seine Mutter fragte mich, ob ich mit ihm ein Einzel-Coaching machen würde, um ihn auf anstehende Vorstellungsgespräche vorzubereiten. Während unserer Coaching-Session sprach ich mit ihm darüber, wie wichtig es ist, handgeschriebene Dankesmitteilungen an die Personen zu schicken, bei denen er sich vorstellte. Er machte sich über meinen Rat lustig und wies den Vorschlag vehement zurück, indem er sagte: „In New York schreibt kein Mensch Mitteilungen mit der Hand. Alle schreiben E-Mails." Ich hörte zu und legte ihm nahe, es sich zu überlegen; wenn niemand anderes in New York handgeschriebene Mitteilungen zu versenden schien, wäre es doch möglich, dass er sich von der Konkurrenz abhebt, weil er solche Mitteilungen schreibt.

Ungefähr drei Wochen später leitete eine Kollegin von mir aus Boston ein Geschäftsessen-Seminar in New York für die Vermögensmanagement-Abteilung einer bekannten Bank. Als sie eintraf, führte sie derjenige, der sie engagiert hatte, in den Raum, in dem die Schulung stattfand. Er zeigte auf personalisierte Schachteln mit sehr hochwertigem Briefpapier, die am Platz jedes am Seminar teilnehmenden Bankers standen. Er sagte: „Ich weiß, wir haben in der Vorbereitung des Seminars, das Sie dankenswerterweise abhalten, nicht über Dankesschreiben gesprochen, aber können Sie bitte unseren Bankern erklären, wie wichtig handgeschriebene Mitteilungen für unsere Kunden sind?"

Die handgeschriebene Dankesmitteilung mag zwar selten sein, aber sie ist in New York bei den Leuten, die Macht ausüben und mit den Mächtigen zu tun haben, immer noch gang und gäbe.

Für ein einfaches „Dankeschön" braucht es nicht viel, aber Ihre kleine Investition wird sich dadurch bezahlt machen, dass Sie sich positiv von der Masse abheben. Menschen machen gern Geschäfte mit anderen Menschen, die ihnen sympathisch sind, wenn deren Dienstleistungen und Produkte denen anderer gleichwertig sind.

Es wird erwartet, dass Sie sich für Einladungen bedanken, wo die Grenze vom Geschäftlichen zum Privaten hin überquert wird, darunter Familienfeiern, Dinnerpartys, Cocktailbüffets, zu denen auch der

Ehegatte oder Ihre bessere Hälfte eingeladen ist, Büropartys oder sonstige Veranstaltungen, bei denen Sie Gast sind. Ein mündliches Dankeschön an den Gastgeber genügt, wenn Sie ein Event wie eine Büroparty verlassen, die in einem Restaurant stattfindet, wo Sie in einem geschäftlichen Rahmen gemeinsam essen. Es gibt auch Geschäftsleute, die ihr Dankeschön für solche gewöhnlichen geschäftlichen Einladungen in ihrer nächsten Geschäftskorrespondenz noch einmal wiederholen, anstatt eine separate Dankesmitteilung zu schreiben.

Unerwartete Dankesschreiben machen großen Eindruck. Überlegen Sie, ob Sie Menschen während des Jahres zu einem ungewöhnlichen Zeitpunkt (wie z.b. Ostern) für die Zusammenarbeit mit Ihnen danken oder für das, was sie für Sie getan haben, und nicht wie sonst zu Weihnachten. Wenn Sie eine bedruckte Grußkarte versenden, unterschreiben Sie sie persönlich. Noch mehr Eindruck hinterlassen Sie, wenn Sie der bedruckten Karte eine kurze handgeschriebene Dankesmitteilung beilegen.

Danken Sie anderen, wenn sie etwas Nettes über Sie oder Ihr Geschäft gesagt haben. Lassen Sie sie wissen, dass Sie solch positives Feedback schätzen. Die anderen werden es ebenfalls zu schätzen wissen, wenn Sie sich die Zeit nehmen, ihre Leistungen oder ihre gute Arbeit anzuerkennen.

Danken Sie Leuten für ihre Unterstützung und ihren Rat. Nutzen Sie die Gelegenheit, um dem anderen etwas über Ihre Fachbereiche zu erzählen und Ihre Bereitschaft zur Zusammenarbeit, falls Bedarf besteht.

Unterschreiben Sie Ihre geschäftliche Mitteilung mit einer passenden Verabschiedungsformel, die nicht missverstanden werden kann. Bei „Mit freundlichen Grüßen", „Mit besten Grüßen" oder „Herzliche Grüße" können Sie nichts falsch machen. Lassen Sie Ihre Titel weg, aber unterschreiben Sie mit Vor- und Nachnamen.

Eine gut geschriebene Dankesmitteilung zeichnet Sie als Profi mit Feingefühl aus und als einer, der gute Umgangsformen pflegt. Die besten Mitteilungen sind persönlich, konkret, kurz und zeitnah. Schicken Sie ein persönliches Dankeschön an die Menschen, denen Sie Dank schulden, auch der Person, von der Sie bewirtet wurden, oder, wenn Sie der Gastgeber waren, dem Servicepersonal oder anderen, die zu einem reibungslosen Ablauf beigetragen haben. Geben Sie an, wofür genau Sie dankbar sind; übertreiben Sie nicht und schreiben Sie keinen Roman. Vier bis fünf gut formulierte Sätze reichen völlig. Senden Sie die Mitteilung zeitnah. Ist das nicht möglich, denken Sie daran, dass es nie zu spät ist, Danke zu sagen oder eine Dankesmitteilung zu schicken.

Ein Dank per Telefon am nächsten Tag ist nett, ein Dankeschön per E-Mail oder Fax ist besser als nichts, aber die handgeschriebene Mitteilung ist die bei Weitem effektivste Form des Dankeschöns und auch die am meisten geschätzte. Die handgeschriebene Mitteilung gibt dem Ganzen eine persönliche Note – etwas, das im geschäftlichen Kontext oft fehlt und daher sehr geschätzt wird. Eine frühere Werbung von Crane Stationery, einem Hersteller für edles Papier, brachte es auf den Punkt: „To the best of our knowledge, no one ever cherished a fax" (Soweit uns bekannt ist, mag niemand Faxe).

Gegenüber einer handgeschriebenen Mitteilung hat ein per E-Mail gesendetes Dankeschön den Vorteil, dass man es in öffentlicher Anerkennung guter Arbeit in Kopie auch an andere senden kann. Nachfolgend ein Beispiel für ein gemailtes Dankeschön, das sich zur Weiterleitung an die gesamte Abteilung eignet.

Liebe Allison,
vielen Dank für die großartige Arbeit am Ellison-Projekt!
Wie du weißt, war das ein wirklich wichtiges Projekt für

unsere Firma und dank dir konnte das Projekt rechtzeitig fertiggestellt werden.
Jeder im Team schätzt deine Arbeit. Bravo!
Beste Grüße,
Cathy

Zeigen Sie Wertschätzung wann immer und wo immer Sie können.

TECHNOLOGIE … *ist eine komische Sache.*
Sie macht einem mit der einen Hand große Geschenke
und sticht einem mit der anderen Hand in den Rücken.

– Carrie P. Snow

KAPITEL ZWÖLF

Dschungel
MUSIK

Technologie im Dschungel

Technologie ist wie ein Klavier.
Es macht erst Musik, wenn man darauf spielt.

– Jane Hight McMurry

Die Technologie ist im 21. Jahrhundert das Instrument zur Schaffung einer Gleichstellung zwischen den Geschlechtern. Sie hat die Fähigkeit der Frauen, auf den höchsten Ebenen mitzumischen, revolutioniert, indem sie das Tätigen von Geschäften vereinfacht hat. Das Internet bietet Frauen eine Chance, vorurteilsfreier und weniger missverständlich zu kommunizieren, da es ein Medium ist, das nicht zwischen Geschlechtern differenziert. Vielleicht besteht der größte Wert des Internets für Frauen im Zugang zu Informationen, die es ohne Ansehen der Position oder des Status zur Verfügung stellt. Zugang zu Informationen bedeutet Macht.

Telefone

Das Telefon ist auch weiterhin das wichtigste globale Kommunikationsmittel, um zu verkaufen und zu kaufen und einen bleibenden Eindruck zu hinterlassen. Es ist auch die wichtigste Frustquelle. Respektlos behandelte Anrufer erzählen im Schnitt sieben bis neun Personen davon, wenn sie am Telefon eine negative Erfahrung gemacht haben.

Die telefonische Kontaktaufnahme hat sehr viel gemein mit der persönlichen Kontaktaufnahme. Sie sollten vor dem Telefonat die gleichen Hausaufgaben machen und genauso viel über Ihren Gesprächspartner wissen, wie wenn Sie ihn auf einem Networking-Event persönlich kennenlernen würden. Der verbale Eindruck, den Sie am Telefon hinterlassen, übermittelt in nicht mehr als 60 Sekunden 87 Prozent Ihres Bildungsgrads, Hintergrunds, Ihrer Kompetenz und Ihrer Persönlichkeit. Seien Sie begeistert, zuversichtlich und aufmerksam. Am Telefon wird Small Talk zum Big Talk. Er bestimmt, wie die Kommunikation über eine Distanz hinweg funktioniert.

Benutzen Sie die gleiche Körpersprache am Telefon, wie wenn Sie jemandem gegenüberstehen. Der andere kann das Lächeln in Ihrer Stimme „hören", wenn Sie das Telefonat mit einer freundlichen Begrüßung einleiten. Der andere kann auch hören, wenn Sie etwas essen, Kaugummi kauen, etwas trinken oder sich nebenbei am Computer mit anderen Dingen beschäftigen. Profis konzentrieren sich voll auf die Person am anderen Ende der Leitung.

Sagen Sie Guten Tag und nennen Sie der angerufenen Person sofort Ihren Namen. Sagen Sie niemals: „Raten Sie mal, wer dran ist."

Fragen Sie die Person, die Sie angerufen haben, ob dies ein guter Gesprächszeitpunkt ist, falls das Telefonat länger dauern wird als einige Minuten. Damit zeigen Sie, dass Sie ihre Zeit respektieren. Sagen Sie Ihrem Gesprächspartner, wie viel Zeit Sie beanspruchen werden, damit er entsprechend Zeit einplanen kann, wenn Sie länger brauchen als die drei bis fünf Minuten, die Ihr Spontananruf dauert. Wenn Sie sagen, dass Ihr Anruf fünf Minuten in Anspruch nimmt, dann reden Sie nicht länger als fünf Minuten oder Sie setzen das Vertrauen Ihres Gesprächspartners aufs Spiel. Wenn der Angerufene sagt, dass er nur begrenzt Zeit zum Telefonieren hat, respektieren Sie seine Zeit und beschränken Sie die Anrufdauer. Zeit ist wertvoller als Geld, weil es zwar immer möglich ist, mehr Geld zu bekommen, aber mehr Zeit bekommen wir nicht. Stehlen Sie anderen nicht die Zeit, und zwingen Sie sie auch nicht, Ihnen mehr Zeit zu geben als die, die Sie laut Ankündigung brauchen oder in Anspruch nehmen würden.

Bereiten Sie eine Telefonagenda vor und arbeiten Sie Ihre Stichpunkte ab. Auf diese Weise verschwenden Sie keine Zeit – weder Ihre noch die anderer – und Sie werden klug und effizient rüberkommen. Sagen Sie gleich zu Anfang des Gesprächs, was der Zweck Ihres Anrufs ist. Seien Sie darauf vorbereitet, dass Fragen oder mögliche Einwände kommen. So können Sie weitere Telefonate vermeiden.

Es ist wichtig, um Feedback zu bitten, denn Sie können das Gesicht Ihres Kommunikationspartners nicht sehen, das Ihnen anzeigen würde, dass Ihr Gegenüber alles verstanden hat, was Sie sagen. Dem anderen ein Feedback zu entlocken, indem Sie Fragen stellen wie „Haben Sie hierzu irgendwelche Fragen/Ideen/Vorschläge?" ist hier hilfreich. Sorgen Sie beim Gehörten für Klarheit, indem Sie Kommentare abgeben wie „Wenn ich Sie richtig verstehe ...", „Das heißt also, dass ...", „Ihren Worten entnehme ich, dass ..."

Achten Sie darauf, dass Sie am Telefon nicht barsch klingen und nicht solche Sätze verwenden wie „Einen Augenblick", „Moment noch", „Ja, bitte?", „Bitte sprechen Sie etwas lauter!"

Planen Sie einen Folgeanruf, einschließlich Zeit und Dauer. Sie könnten zum Beispiel sagen: „Ich rufe Sie noch mal an am …" Wenn Sie von Ihrem Gesprächspartner etwas brauchen, sagen Sie unbedingt „bitte", zum Beispiel „Können Sie mir bitte …?".

Zeigen Sie, wie groß Ihr Einflussbereich ist, wenn Sie jemand um etwas bittet. Vermeiden Sie zu sagen, dass dies nicht Ihr Job ist und Sie nicht helfen können. Besser ist es zu sagen: „Ich persönlich kann Ihnen in dieser Sache zwar nicht weiterhelfen, aber …", „Ich werde mit jemandem über Ihr Anliegen sprechen", „Ich werde für Sie herausfinden …".

Die Art, wie Sie ein Telefonat beenden, hinterlässt einen bleibenden Eindruck. Geben Sie an, welche Maßnahmen Sie in der besprochenen Angelegenheit treffen werden. Zum Beispiel so: „Ich kann Sie auf folgende Art unterstützen …", „Folgende Dinge müssen getan werden …"

Sagen Sie am Ende des Telefonats „Danke" und sprechen Sie (bei der Verwendung von Verben) in der Vergangenheit. Sagen Sie zum Beispiel: „Vielen Dank für das Gespräch. Es war mir eine Freude."

Beschließen Sie das Gespräch wie ein Profi mit „Auf Wiederhören" und nicht mit „Tschüss", „Machen Sie's gut" oder „Bis dann".

Gehen Sie bei eingehenden Telefonaten spätestens beim dritten Klingeln ans Telefon. Begrüßen Sie den Anrufer freundlich. Passen Sie auf Ihre Zeit auf, indem Sie zu Beginn des Telefonats höflich sagen: „Ich habe leider nur fünf Minuten Zeit." Machen Sie für ein längeres Gespräch einen Rückruftermin aus.

Zeigen Sie Personen gegenüber, die Ihnen persönlich ihre Zeit widmen, Respekt, indem Sie nicht ans Telefon gehen, wenn Sie beieinander sind. Falls Sie den eingehenden Anruf annehmen müssen, entschuldigen Sie sich dafür, dass Sie ans Telefon gehen, und halten Sie das Telefonat kurz. Wenn Sie das nicht tun, signalisieren Sie damit, dass Ihnen der Anrufer wichtiger ist als Ihr Gegenüber.

Auf Ihren Anrufbeantworter sollte eine geschäftsmäßige Ansage gesprochen sein, die kurz und höflich ist. Die Ansagen sollten auf dem neuesten Stand sein, wenn zwischenzeitlich eine Urlaubsansage oder ein Autoresponder-Text aufgesprochen wurde. Wenn Sie eine Nachricht auf einem Anrufbeantworter hinterlassen, nennen Sie Ihren Vor- und Nachnamen. Sagen Sie Ihren Namen langsam und gleich zu Anfang der Nachricht. Buchstabieren Sie Ihren Namen, falls er etwas kompliziert sein sollte. Wenn Sie Ihre Telefonnummer auch gleich zu Anfang Ihrer Ansage durchgeben, ersparen Sie dem Empfänger, dass er sich noch einmal die ganze Nachricht anhören muss, wenn er sie beim ersten Hören nicht mitbekommen hat. Ihre Nachricht sollte kurz sein und zwei Minuten nicht überschreiten. Sagen Sie Bitte und Danke und bringen Sie Ihr Anliegen klar und deutlich vor. Lassen Sie den Empfänger der Nachricht wissen, wann Sie telefonisch am besten zu erreichen sind, um ein mehrfaches Hin- und Hertelefonieren zu vermeiden. Hinterlassen Sie keine Locknachricht wie „Rufen Sie mich an. Ich muss Ihnen etwas Wichtiges erzählen."

Mobiltelefone

Ihr Mobiltelefon sollte einen professionellen Klingelton haben. Schalten Sie es auf stumm oder Vibrationsmodus, wenn Sie in der Öffentlichkeit sind. Mobiltelefone in der Öffentlichkeit zu benutzen ist unhöflich. Entschuldigen Sie sich und entfernen Sie sich von einer Gruppe, wenn Sie das Mobiltelefon benutzen müssen. Das Klingeln von Mobiltelefonen und die darauf folgenden Gespräche in Restaurants, Theatern und an ähnlichen Orten sind ärgerlich und unprofessionell. Sie senden damit die Botschaft aus, dass die Person am Telefon wichtiger ist als die Menschen, mit denen Sie gerade Ihre Zeit verbringen. Mag sein, dass die Leute, die vor Ihnen stehen, Ihnen erzählen, dass es ihnen nichts ausmacht, wenn Sie

sie beim Telefonieren ignorieren, aber es ist unhöflich und eine Beleidigung, da Sie ihre Zeit herabwerten. Ausnahmen gelten bei außergewöhnlichen Situationen, wie wenn jemand auf der Transplantationsliste für eine Niere steht oder die Kinder mit dem Babysitter daheim zurückgelassen hat. Selbst dann sollten Sie die Absenderkennung prüfen und nicht dringende Anrufe auf Ihre Sprachbox umleiten. Die können Sie später beantworten, wenn Sie wieder allein sind.

Instant Messaging/SMS

Instant-Messaging- und SMS-Nachrichten zu verschicken ist wunderbar, weil sie sofort übertragen werden. Fassen Sie sich kurz. Diese Form der Kommunikation ist nicht für ernste, emotionale oder strittige Themen gedacht. Seien Sie höflich, wenn Sie sie anwenden. Seien Sie sich dessen bewusst, dass Sie die Menschen in Ihrer Gegenwart wahrscheinlich kränken, wenn Sie an öffentlichen Orten und in Meetings Textnachrichten schreiben. Passen Sie auf, dass Sie nicht den Anschein erwecken, der Technologie vor den Menschen in Ihrer Umgebung den Vorzug zu geben.

Wenn Sie Textnachrichten schreiben, prüfen Sie, ob die Empfänger erreichbar sind. Benutzen Sie die Möglichkeit des automatischen Antwortens mit voreingestellten Inhalten, die anderen mitteilen, dass Sie beschäftigt oder unterwegs sind und sich später melden. So können Sie Missverständnisse vermeiden und die anderen wissen lassen, dass Sie sie nicht ignorieren. Achten Sie auf die korrekte Rechtschreibung, egal, was für eine Art Textnachricht Sie versenden. Emoticons wirken unprofessionell und schluderig, daher sollten Sie sie mit Bedacht benutzen.

Aus Höflichkeit dem Empfänger gegenüber sollten Sie Anhänge zippen und große Mengen an Informationen als Dateianhang schicken und nicht als offenen Text in die Nachricht kopieren. Höflichkeit ist beim Nachrichtenschreiben immer angebracht. Sagen Sie Bitte und Danke. Bleiben Sie immer professionell. *Durch die Verwendung von Abkürzungen beim Texten können Sie Ihre Nachrichten kurz halten. Hier einige der häufigsten:*

- CID (Consider it done = Erledigt)
- CU (See you = Bis dann)
- FYI (For your information = Zu Ihrer Information)
- PLS (Please = Bitte))
- THX (Thanks = Danke)
- TIA (Thanks in advance = Danke im Voraus)
- YW (You're welcome = Bitteschön/Bitte sehr)

Twitter

Sinn und Zweck von Twitter ist es, eine Antwort auf die Frage „Was machst du?" zu geben. Twittern ist kostenlos und geht viel schneller, als sich auf einem Website Content Management System einzuloggen, um Inhalte für ein breites Publikum ins Netz zu stellen. Benutzen Sie Twitter, um etwas sofort zu veröffentlichen und Millionen von Menschen darüber zu informieren, wenn etwas passiert, einschließlich Warnungen bei Gefahren für die öffentliche Sicherheit, bei wichtigen aktuellen Nachrichten, bei wirtschaftlichen Entwicklungen und wenn man um Feedback bitten möchte.

Die als Tweets bezeichneten Nachrichten sind auf eine Länge von 140 Zeichen beschränkt. Betrachten Sie Twitter als einen Microblog zur Aktualisierung Ihres Netzwerks. Das Großartige am Twittern ist, dass Sie zu einer sehr großen Gruppe von Leuten eine persönliche Verbindung herstellen können.

Sie können Twitter benutzen, um Kontakte zu knüpfen, Ihre Marke bekanntzumachen und Marketing zu betreiben, damit Sie bekommen, was Sie wollen, brauchen und verdienen. Sie sollten Twitter jedoch in Maßen für Promotionzwecke einsetzen, sonst verlieren Sie Follower. Anders ist es, wenn Sie ein Twitter-Account einrichten, das nach einem Produkt oder einer Dienstleistung benannt ist und nur Werbezwecken dient. In diesem Fall stellen Ihre Follower andere Erwartungen.

Wichtige Punkte beim Twittern

- Klare Absenderkennung angeben
- Direkte Fragen beantworten
- Wissen und Werte teilen
- Exzessives Verlinken vermeiden
- Gute Tipps als Retweet weiterleiten und die fremden Quellen angeben
- Auf dem Laufenden sein
- Die Privatsphäre anderer respektieren
- Nicht um Retweets bitten, außer beim Senden einer Frage
- Als Follower aggressives Verhalten vermeiden, um nicht von Twitter ausgeschlossen zu werden
- Eine kleine Zahl interessanter Leute dazuholen, um ein eigenes Netzwerk aufzubauen
- Bitte nicht „Fake-Twittern"

E-Mail
E-Mails führen bei der Arbeit häufig zu Problemen, weil die Leute hastig ein paar Wörter zusammenschreiben, deren Bedeutung nicht klar ist, was dann zu Problemen führt. Um dies zu vermeiden, sollten Sie das Kommunizieren per E-Mail genauso betrachten wie ein Gespräch von Angesicht zu Angesicht.
Um effektiv zu e-mailen, sollten Sie sich an sechs Punkte halten.

1. *Das „An"-Feld.*
   Stellen Sie durch doppeltes Prüfen sicher, dass die von Ihnen gewählte Adresse die richtige ist, genauso wie Sie darauf achten würden, dass Sie jemanden im persönlichen Gespräch beim richtigen Namen nennen.

2. *Das „Von"-Feld ...*
   sollte Ihren vollen Namen in korrekter Schreibweise enthalten, damit Sie als Absender klar zu identifizieren sind.

3. *Das „Betreff"-Feld.*
   Vermeiden Sie es, im Betreff ein saloppes „Hi" zu schreiben, und verwenden Sie keine Wörter, die nach Spam-Mail klingen. Ändern Sie beim Antworten die Betreffzeile. In der Betreffzeile sollten Sie in fünf bis sieben Wörtern sagen, worum es in Ihrer Nachricht geht. Formulieren Sie den Betreff so, dass er Aufmerksamkeit erregt, denn 41 Prozent der E-Mails werden aufgrund ihres Betreffs geöffnet! Betrachten Sie Ihre Betreffzeile also wie eine Schlagzeile in der Zeitung, die Ihre Aufmerksamkeit weckt und Sie zum Weiterlesen animiert.
   Beispiele für dünne Betreffzeilen sind Ein-Wort-Betreffs wie *Meeting.* Eine überzeugende Betreffzeile für eine E-Mail über ein bevorstehendes Meeting könnte sein: *Wichtiges Meeting: 20. Mai, 14 Uhr im Dschungelraum!*
   Eine Methode, wie sich das Verfassen von E-Mails vereinfachen und beschleunigen lässt, ist, die gesamte Nachricht in die Betreffzeile zu schreiben. Sie tun dies, indem Sie ans Ende Ihrer Nachricht entweder Ihr Namenskürzel (hier: JHM für meinen) schreiben oder die Abkürzung EOM (End of message = Ende der Meldung). Hier ein Beispiel für diese einfache Technik:

> Mo geht nicht. Wie wäre Mi? – JHM
> Mi geht gar nicht. Wie wäre Do? – EOM
> Do ist prima. – JHM
> Bis Do 15:15 h – EOM

4. *Die „Begrüßung"* ...
   ist wie ein Handschlag. Vergessen Sie sie nicht. Beginnen Sie mit „Guten Tag" oder „Liebe/r".

5. *Der „Mailtext"* ...
   sollte grammatikalisch einwandfrei sein. Nur weil dies eine unmittelbare Form der Kommunikation ist, bedeutet dies nicht, dass Sie nachlässig sein können. Erzeugen Sie ein gutes Gefühl, indem Sie Sätze mit einem positiven Ton schreiben wie „Ich hoffe, es geht Ihnen gut", „Bitte", „Darf ich", „Gut gemacht", „Gute Idee", „Herzlichen Glückwunsch".

- Achten Sie auf Platz. Lassen Sie viel leere Fläche.
- Wenn Sie in einer E-Mail um etwas bitten, vergessen Sie nicht zu schreiben: „Ich weiß Ihre Hilfe zu schätzen" oder „Vielen Dank im Voraus".
- Drücken Sie sich klar aus, und stellen Sie sicher, dass Sie eine konkrete Anfrage stellen oder einen spezifischen Termin angeben, wenn Sie jemanden per E-Mail um etwas bitten.
- Schicken Sie Anfragen nur an eine Person, damit die Zuständigkeiten nicht durcheinandergeraten.
- Wenn Sie wollen, dass jemand etwas wirklich erledigt, setzen Sie eine Person auf Cc:, die etwas zu sagen hat.
- Bitten Sie um Feedback, indem Sie direkt danach fragen, zum Beispiel „Wie denken Sie darüber?". Stellen Sie sicher,

dass der Empfänger Ihre Nachricht verstanden hat und wichtige Termine bestätigt.

- Es ist in Ordnung, jemandem in einer Nachfassmail ein zweites Mal Ihr Anliegen vorzutragen, denn wenn die Person auf Ihre erste Anfrage nicht innerhalb von 48 Stunden reagiert hat, wird sie wahrscheinlich gar nicht reagieren. Dies gilt auch für Anliegen, die als Nachricht auf einem Anrufbeantworter hinterlassen wurden.

E-Mails verursachen häufig Probleme, weil wir die Bewegungen in der Stimme des anderen nicht hören können, seinen Gesichtsausdruck nicht sehen können und seine Körpersprache nicht interpretieren können. Es ist aber sehr wohl möglich, durch Interpunktion den Ton zu bestimmen.

Mit Gedankenstrichen (–) können Sie das betonen, was dazwischensteht, so als ob Sie die Stimme heben würden. Zum Beispiel so: Die Firma Business-Dschungel – Gewinnerin des Service-Preises – hat gerade eine neue Produktlinie auf den Markt gebracht.

Durch Klammern ( ) können Sie die Bedeutung dessen, was dazwischensteht, herunterspielen, so als ob Sie die Stimme senken würden. Zum Beispiel: Die Firma Business-Dschungel (Gewinnerin des Service-Preises) hat gerade eine neue Produktlinie auf den Markt gebracht.

Kommata (,) können das, was dazwischen steht, neutral erscheinen lassen. Zum Beispiel: Die Firma Business-Dschungel, Gewinnerin des Service-Preises, hat gerade eine neue Produktlinie auf den Markt gebracht.

Genauso wie Sie im persönlichen Gespräch Gesten benutzen, können Sie **Fettung**, <u>Unterstreichen</u> und *Kursivieren* als Effekte einsetzen, um in Ihrer E-Mail zu gestikulieren. Sorgen Sie dafür, dass der Empfänger Ihrer Nachricht sich auf den Inhalt konzentriert.

Vermeiden Sie eine aussagelose Sprache und Jargon. Sagen Sie, was Sie meinen. Wenn Sie eine Nachricht an jemanden weiterleiten, sagen Sie dem Empfänger, warum Sie die Nachricht weiterleiten und was von ihm erwartet wird. Die Leute ärgern sich über E-Mails, die ihren Posteingang verstopfen und ohne ersichtlichen Grund weitergeleitet worden zu sein scheinen.

6. *Die „Verabschiedung"* ...
   in Ihrer E-Mail ist wie ein Handschlag, mit dem Sie jemandem am Ende eines persönlichen Gesprächs Auf Wiedersehen sagen. Enden Sie mit „Mit besten Grüßen", „Herzliche Grüße" oder „Mit freundlichen Grüßen" und nennen Sie schließlich Ihren Vor- und Nachnamen.

Sie können Ihre E-Mail-Signatur als effektives Mittel zur passiven Bewerbung Ihres Geschäfts benutzen, aber Sie sollten die Basisinformation auf einen Umfang von 70 Zeichen beziehungsweise maximal vier bis sechs Zeilen beschränken. Sie müssen nicht alles hineinpacken. Achten Sie auf Groß- und Kleinschreibung und verzichten Sie auf bunten Farben und Grafiken.

Die zehn E-Mail-Gebote

1. Vermeiden Sie hastig verfasste Nachrichten, die von Fehlern wimmeln.
2. Antworten Sie sofort oder benutzen Sie einen Autoresponder mit aktuellem Inhalt.
3. FASSEN SIE SICH KURZ. Vermeiden Sie langatmige Nachrichten. Lassen Sie früheres Material weg, wenn sich der Empfänger erst durch die E-Mail scrollen muss, um es zu lesen. FASSEN SIE ZUSAMMEN!

4. Vermeiden Sie persönliche Nachrichten, die nichts mit der Firma zu tun haben, zum Beispiel Witze oder unangebrachtes Material.
5. Versenden Sie per E-Mail kein vertrauliches Material und keine schlechten Nachrichten.
6. Speichern Sie E-Mails, die geschäftsrelevant oder für Sie persönlich wichtig sind. Eine dokumentierte Kommunikation kann wichtig sein.
7. Versenden Sie keine Spam-/Massenmails zur Verbreitung von Werbematerialien und Kettenbriefen.
8. Passen Sie auf, dass Sie beim Weiterleiten von E-Mails nicht unabsichtlich auf „Allen antworten" klicken.
9. Pflaumen Sie niemanden an und schimpfen Sie nicht (vor allem nicht in Großbuchstaben).
10. Schicken Sie keine Anhänge an Leute, die vielleicht nicht über die nötige Software verfügen, um diese zu öffnen, oder deren Posteingang vielleicht eine Größenbeschränkung hat.

Facebook

Passen Sie auf, was Sie auf Facebook posten. Arbeitgeber sehen sich häufig die öffentlichen Profile von (zukünftigen) Mitarbeitern an, um herauszufinden, ob sie geeignete Bewerber sind beziehungsweise, um Informationen über ihre derzeitigen Mitarbeiter zu erhalten. Posten Sie nur solche öffentlich einsehbaren Fotos von sich, die Sie als Profi zeigen. Achten Sie darauf, dass Sie auf Ihrer Facebook-Seite nicht zu viel von sich preisgeben (Stichwort: TMI Too much information = zu viel Information). Gehen Sie beim Hinzufügen oder Entfernen von Freunden sorgsam vor. Stellen Sie sicher, dass Ihre Privatsphäre durch entsprechende Einstellungen ausreichend gesichert ist. Erstellen Sie ein Profil mit eingeschränktem Zugang. Bleiben Sie im Ton freundlich, indem Sie auf GROSSSCHREIBUNG und Sarkasmus verzichten.

LinkedIn

LinkedIn ist eine gewerblich orientierte Social-Network-Website und in erster Linie ein Online-Berufsnetzwerk. LinkedIn hat weltweit mehr als 200 Millionen registrierte Mitglieder. Sie können das Netzwerk nutzen, um eine Liste mit den Kontaktdetails der Personen zu pflegen, mit denen Sie eine berufliche Verbindung haben. LinkedIn kann Ihnen auf verschiedene Art helfen zu bekommen, was Sie wollen, brauchen und verdienen. Als Erstes erleichtert es die Kontaktaufnahme zu Personen, die Sie schon kennen, und zu Personen, die Ihre Kontakte kennen. Sie können sich über einen gegenseitigen Kontakt mit anderen bekanntmachen. LinkedIn ist ein wunderbares Instrument, um zu demonstrieren, welchen Einfluss selbst schwächere Verbindungen haben können. Sehr wenige Bewerber kennen die Person, die sie einstellt. Am ehesten werden Leute aufgrund einer Empfehlung eingestellt. Derjenige, der jemanden empfohlen hat, muss mit der Person, die den Bewerber einstellt, nicht unbedingt eng befreundet sein, aber es gibt eine Verbindung. LinkedIn hilft Ihnen, Verbindungen herzustellen, wodurch wiederum Verbindungen zu weiteren Personen hergestellt werden können.

Über LinkedIn können Sie nach Stellen, Personen und Geschäftsmöglichkeiten suchen. Sie können sich die Profile potenzieller Arbeitgeber ansehen und herausfinden, welcher Ihrer Kontakte Sie mit einem potenziellen Arbeitgeber bekanntmachen kann oder Kontakt zu jemandem herstellen kann, den Sie kennenlernen möchten. Durch das Einstellen eines Fotos auf LinkedIn sind Sie und andere leichter zu identifizieren.

Laut LinkedIn-Recherchen werden Personen mit mehr als 20 Kontakten auf LinkedIn 34 Mal häufiger wegen einer Stellenausschreibung kontaktiert als Personen mit weniger als fünf Kontakten.

Benutzen Sie LinkedIn, um besser gesehen zu werden. Die Leute machen Geschäfte mit Leuten, die sie kennen. Durch neue Kontakte auf LinkedIn vergrößert sich die Chance, dass Leute, die nach jemandem mit Ihren Fähigkeiten suchen, Sie finden und auswählen.

Verlinken Sie von Ihrer E-Mail-Signatur auf Ihr LinkedIn-Profil. Dies ist eine geschmackvolle und angemessene Art, um anderen Einblick in Ihre Referenzen zu geben.

Benutzen Sie LinkedIn, um sich auf ein Gespräch vorzubereiten.

Lesen Sie die Profile der Personen, denen Sie auf einer Veranstaltung begegnen, mit denen Sie ein Vorstellungsgespräch haben oder an die Sie sich wenden möchten, um ein Produkt, eine Dienstleistung oder eine Idee vorzustellen.

KAPITEL DREIZEHN

Wenn ES IM DSCHUNGEL DONNERT

Der Umgang mit unangenehmen Situationen – reden Sie darüber!

Um im Leben erfolgreich zu sein, braucht man drei Dinge:
Wünsche, ein Rückgrat und Humor.

— Reba McEntire

Meine Mutter und Mentorin Joan Williams Hight war eine lebenslustige, furchtlose Löwin, die das Leben liebte und gern neue Dinge lernte und ausprobierte. Sie verschwendete keine Zeit auf Dinge, die sie nicht gern tat oder unnötig fand. Einmal versuchte sie sich im Keksebacken und sagte hinterher, dass sie keine Zeit mehr mit Keksebacken verbringen würde, weil sie keinen Spaß daran

161

hätte und fertig gebackene Kekse kaufen könnte, die preiswerter und besser wären als ihre. Sie probierte fast alles aus, mit Ausnahme von Bungeejumping, reiste möglichst oft in der Welt herum und konnte sich mit fast jedem über alle möglichen Sachen unterhalten. Sticken war eines der Dinge, die sie lernte, um bei dem Hobby mitreden zu können, das viele ihrer Freundinnen hatten. Sie investierte Zeit in zwei Bildstickereien. Das erste Bild zeigte ein kleines Stickquadrat, das sie rahmte. Das Motiv war ein grinsender Frosch, der am Ende eines Seils an einem Knoten hing. Unter den Frosch stickte sie die Worte: „Wenn du am Ende deines Seils angekommen bist, mach einen Knoten und halte dich daran fest."

An vielen Tagen werden Sie sich im Dschungel am Ende eines Seilknotens befinden, denn Konflikte gehören zum Dschungelleben dazu. Planen Sie voraus. Sehen Sie Konfrontationen vorher. Seien Sie auf der Hut. Seien Sie auf drohende Gefahren vorbereitet, damit Sie sich an dem dicken Knoten festhalten können, den Sie gemacht haben, um Ihre Ziele zu erreichen. Und was das Wichtigste ist: *Behalten Sie Ihren Sinn für Humor.*

Einflussreiche und höfliche Frauen haben sanfte Seelen, aber ein dickes Fell. Sie werden bewundert. Sie werden respektiert. Sie werden von vielen geliebt – aber nicht von allen gemocht. Sie leiden nicht an Gefallsucht.

Es gibt verschiedene Gründe dafür, warum Leute Sie nicht mögen: vielleicht sind sie eifersüchtig auf das, was Sie erreicht haben, vielleicht erinnern Sie sie an jemand anderen, den sie nicht mögen, vielleicht sind Sie hübscher als sie, reicher als sie, talentierter als sie und so weiter. Es wird Ihnen nie gelingen, allen zu gefallen, wie sehr Sie sich auch anstrengen, also hat es gar keinen Sinn, es zu versuchen. Bleiben Sie ehrlich. Tun Sie, was richtig ist, und konzentrieren Sie sich auf das, was das Beste für Ihr Leben ist. Unterm Strich sind Erfolg und Einfluss nicht das Ergebnis eines Beliebtheitswettbewerbs.

Am Anfang ihrer Karriere wurde Stefani Joanne Angelina Germanotta, besser bekannt als Lady Gaga, von vielen ignoriert. In einem Interview mit Jocelyn Vena für *MTV News* sagte Lady Gaga: „Manche Leute haben es nicht kapiert. Manche Leute kapieren es immer noch nicht. Ich lese manchmal Kritiken und denke dann: ‚Wow, der kann mich verdammt noch mal überhaupt nicht leiden.' Es scheint, dass ich nicht verstanden werde, aber das ist in Ordnung." Lady Gaga berichtete auch, dass sie, bevor ihre Songs ständig im Radio liefen, große Schwierigkeiten hatte, die Leute dazu zu bewegen, ihre Songs überhaupt im Radio zu spielen. „Es war ein echter Kampf, weil sie meine Songs nicht im Radio spielen wollten. Wir mussten uns ganz schön ins Zeug legen, und ich trat in jedem Club auf. Ich traf mich mit jedem Programmdirektor, von dem ich mir etwas versprach, zum Essen."

Heute thront Lady Gaga an der Spitze der Popkultur und ist so erfolgreich, dass sie sich holt, was *Gaga* will, braucht und verdient. Ihr Erfolg ist viel mehr als das Ergebnis von Talent … Es gibt eine Menge erfolgloser Musiker, die nichts haben als ihr Talent; zahlenmäßig noch stärker vertreten sind nur erfolglose Männer und Frauen, die nichts haben als ihre Bildung. Lady Gagas Erfolg beruht auf einer Kombination aus Talent, einer kristallklaren Vorstellung, was sie will, einem hartnäckigen Verfolgen ihres Plans, um die festgesteckten Ziele zu erreichen, und darauf, das zu tun, was richtig für sie ist, auch wenn ihre Musik und ihr Stil nicht jedem gefallen. Mit Ricky Nelson gab es in der Generation davor noch ein Popidol, das ins gleiche Horn stieß und mit ebenso hohen Platzierungen in den Charts belohnt wurde wie Lady Gaga. In seinem berühmten Song „Garden Party" singt Nelson: „You can't please everyone so you gotta please yourself" (Du kannst es nicht jedem recht machen, also musst du es dir selbst recht machen). Egal, in welchen Dschungel Sie sich vornehmen zu gehen, um zu bekommen, was Sie wollen, brauchen und verdienen,

Sie müssen eine klare Vorstellung von dem haben, was Sie wollen, ein Ziel haben und die Fähigkeiten, Ihr Ziel zu erreichen, einen Stufenplan, wie Sie Ihr Ziel erreichen, Sie müssen Ihren Plan hartnäckig befolgen und den Mut haben, das zu tun, was richtig für Sie ist. Behalten Sie Ihren Sinn für Humor, wenn Sie anfangen, sich das zu nehmen, was Sie wollen, und wenn jemand Sie eine Bitch nennt, dann denken Sie daran, dass das ein Kompliment ist, denn Sie sind eine Frau, die sich komplett unter Kontrolle hat, ein „Babe In Total Control of Herself".

Gehen Sie Probleme sofort und ehrlich an. Die Wahrheit kommt immer heraus – wenn nicht gleich, dann später. Durch Klatsch und Tratsch und je länger Sie warten, ehe Sie die Wahrheit sagen und Verantwortung übernehmen, wird das Problem umso größer. Wenn Sie sofort dazu stehen, wird Ihnen das helfen, die Kontrolle über das Problem zu behalten und den Lästerern den Wind aus den Segeln zu nehmen. Schließlich werden Sie alles gesagt haben, auch dass es Ihnen leidtut, und dem dürften die Lästerzungen nichts hinzuzufügen haben. Wenn Sie nicht frühzeitig zu einem Problem stehen, wird es sich garantiert festsetzen, Ihnen Kraft rauben und dazu führen, dass Sie die Kontrolle darüber verlieren. Übernehmen Sie Verantwortung für Ihre Handlungen, wenn Sie einen Fehler machen, ohne nach Ausreden zu suchen. Lassen Sie wortreiche Erklärungen oder Entschuldigungen, warum Sie Fehler gemacht haben. Den Menschen im Unternehmensdschungel ist es eigentlich egal, warum Sie Mist gebaut haben – sie wollen nur, dass Sie das Problem beheben. Außerdem setzen Sie sich durch Entschuldigungen der Kritik aus. Entschuldigen Sie sich, und tun Sie alles im Rahmen Ihrer Möglichkeiten, um den Fehler zu beheben, und setzen Sie dann noch eins drauf. Tun Sie, was von Ihnen erwartet wird, und machen Sie eine zusätzliche Sache, die nicht erwartet wird und durch die Sie sich von anderen abheben.

Der Unterschied zwischen Gewinnern und Verlierern, zwischen einflussreichen und machtlosen Menschen ist nicht ihr Können. Es ist die Art, wie sie auf eigene Fehler reagieren. Einflussreiche Personen besitzen eine unermüdliche Entschlossenheit, wenn es darum geht, sich nach Fehlern wieder zu berappeln, zu reparieren, was sich reparieren lässt, und einfach weiterzumachen, bis sie ihre Ziele erreicht haben. Das ist es, was Sie tun müssen, wenn Sie gewinnen und einflussreich sein wollen. Stehen Sie auf, sich verkriechen bringt nichts; setzen Sie einen Fuß vor den anderen. Wenn Sie sieben Mal hinfallen ... stehen Sie acht Mal wieder auf!

Einfluss kommt von positiver Einstellung. Stephen Covey hat recht mit seinem 90/10-Prinzip. Er sagt, dass wir über zehn Prozent der Dinge, die uns im Leben passieren, keine Kontrolle haben, aber was mit den restlichen 90 Prozent passiert, bestimmen wir. Ihre Antwort, Ihre Reaktion, die 90 Prozent sind es, die Ihren Erfolg ausmachen werden. Ihr Erfolg wird das Ergebnis Ihrer Arbeit und Ihrer Einstellung sein. Nehmen Sie sich nicht so wichtig. Lachen Sie über sich. Sie sind für Ihr Glück verantwortlich. Übernehmen Sie Kontrolle über Ihre Einstellung, sobald Sie aufwachen. Das Erste, was ich tue, ist, dafür zu danken, dass ich so gesegnet bin, und um Kraft zu bitten, dass ich den neuen Tag voll ausschöpfen kann. Dann BRÜLLE ich laut. Das Brüllen sorgt dafür, dass ich laut lachen muss – *über mich selbst*. Den Tag in Dankbarkeit zu beginnen und sich daran zu erinnern, dass jeden Tag Hilfe da ist, trägt zu einer positiven Einstellung bei, um die Aufgaben des Tages zu meistern. Wenn ich nach dem Brüllen in Gelächter ausbreche, erinnert mich das daran, mich als menschliches Wesen, das von Natur aus Fehler macht, nicht so wichtig zu nehmen. Probieren Sie, nach dem Aufwachen zu brüllen. Sie müssen dazu den Mund weit aufmachen, die Luft einsaugen und dann Ihre Stimmbänder strapazieren. Jede Wette, dass Sie über sich lachen werden.

Meiner im Sportfernsehen als Journalistin tätigen Tochter Win passierte ein Versprecher im US-amerikanischen Fernsehen, der für reichlich Furore sorgte. Es passierte während einer ihrer regelmäßigen Berichterstattungen im Golf Channel, als sie über die Gründe sprach, warum Tiger Woods sich von seinen ersten Golfturnieren verabschiedete, nachdem er wegen seiner Fehltritte und der daraus resultierenden Eheprobleme, worüber ausführlich berichtet wurde, eine Zwangspause eingelegt hatte. Win wollte sagen, dass der Grund für Tigers Rückzug eine sich „vorwölbende Bandscheibe (disc) im Nackenbereich" war, doch sie machte aus „sc" „ck" und damit wölbte sich etwas ganz Anderes vor … Sie korrigierte den Fehler sofort und fuhr mit ihrem Bericht fort. Sobald die Sendung vorbei war, rief Win zu Hause an.

Ich sagte zu ihr: „Du bist ein Mensch und hast einen Fehler gemacht wie alle Menschen, und du wirst mehr Fehler machen. Wenn dir so etwas passiert, musst du über dich lachen." Sie fing an zu lachen und schon bald *brüllten* wir beide vor Lachen!

Nach 19 Minuten kamen die nächsten aktuellen Meldungen. Win ging wieder auf Sendung und machte weiter – dieses Mal ohne Fehler.

Sie lachte und es hatte den Anschein, als würden die Menschen überall auf der Welt mit ihr lachen. Freunde, die in Kanada lebten, und Freunde, die in Barcelona unterwegs waren, hörten auf BBC von der Sache. Über mehrere Tage gehörten Wins Name und der Versprecher zu den weltweit am meisten gegoogelten Einträgen. Und obgleich Win ein Versprecher passiert war, stieg ihr Ansehen bei Kollegen, Freunden und Bekannten, weil sie die Sache mit Humor genommen hatte, über sich lachen konnte und mit der Arbeit weitermachte, als wäre nichts gewesen.

Nicht alle Dinge lassen sich weglachen, aber wenn es möglich ist, ist Lachen auf jeden Fall die beste Art, mit etwas umzugehen, was sich nicht ändern lässt. Lachen Sie über sich selbst.

Sehen Sie es anderen nach, wenn sie Fehler machen. Handeln Sie sofort, wenn es an Ihnen ist, sich um die ernsten Fehler anderer zu kümmern. Es ist wichtig, schnell zu handeln und seine Integrität zu wahren. Sie werden feststellen, dass Sie Ihre hart erarbeitete Stärke und Autorität behalten werden, wenn Sie nicht um den heißen Brei herumreden, um den Kern des Problems zu erfassen, und wenn Sie die Situation auf ehrliche Art und professionell angehen. Tun Sie immer das Richtige, selbst, wenn es den Menschen wehtut, die Ihnen am Herzen liegen.

Es wird Meinungsverschiedenheiten geben. Wägen Sie sorgfältig ab, worüber es sich zu streiten lohnt, aber laufen Sie nicht vor der Konfrontation davon, wenn Sie ein Problem haben, das angegangen werden muss. Wenn Sie zulassen, dass Probleme sich festsetzen, wird das dazu führen, dass Ihre Angst vor ihnen größer wird. Schaffen Sie Probleme aus der Welt und gehen Sie dann zum nächsten Thema über.

Einflussreiche Personen haben ihre Gefühle unter Kontrolle. Frauen, die ihre Stimme erheben, werden von anderen als unangenehme Hitzköpfe wahrgenommen. Daher sollten Sie, anstatt Ihre Stimme zu erheben, wenn Sie verärgert sind, eine kraftvolle und beschreibende Sprache benutzen und den Grund dafür erklären, warum Sie verärgert sind. Denjenigen, der in einer Diskussion unterliegt, erkennen die anderen daran, dass er am lautesten schreit. Sie werden wie ein Verlierer aussehen, wenn Sie Ihre Beherrschung verlieren und herumschreien. Mit Tränen schmälern Sie Ihren Einfluss. Wenn Sie sich ärgern oder merken, dass Sie den Tränen nahe sind, entfernen Sie sich aus der Situation, bis Sie Ihre Fassung wiedererlangt haben. Geben Sie einen kurzen Kommentar ab wie „Entschuldigen Sie mich. Ich bin in ein paar Minuten zurück." Wenn Sie mehr Zeit brauchen, sagen Sie: „Dies ist für mich kein guter Zeitpunkt zum Reden. Besprechen wir das später."

MACHST du als Hausfrau deine Arbeit gut, bringt sie dich um.

– Erma Bombeck

KAPITEL VIERZEHN

Die LÖWIN SCHLÄFT HEUTE NACHT

Batterien aufladen und neue Kräfte tanken

*Wenn Sie es versäumen, eine Batterie aufzuladen, ist sie irgend-
wann leer. Und wenn Sie mit Volltempo rennen, ohne zwischendrin
innezuhalten und Wasser zu trinken, werden Sie nicht mehr genug
Reserven haben, um das Rennen zu beenden.*

– Oprah Winfrey

Er ist ein Dschungel da draußen. Vor der Jagd müssen Sie neue
Energie tanken. Anstatt zu versuchen, alles auf einmal zu machen, überlegen Sie, was Sie machen, wann Sie es machen – und
das sollten Sie gut machen. Wir Frauen versuchen oft zu beweisen,

dass wir wer sind, indem wir Verantwortung für Dinge übernehmen, die uns davon abhalten, unsere Ziele zu erreichen. Nie ist die Zeit da, um seine Batterien aufzuladen und neue Kräfte zu tanken, also müssen Sie sich die Zeit nehmen. Legen Sie Ihre Prioritäten fest. Stecken Sie sich Ziele. Mit einem Zeitmanagement ist es möglich, Zeit zu finden, um seine Batterien aufzuladen und neue Kräfte zu tanken.

Zeitdiebe werden Ihre Zeit stehlen, wenn Sie sie nicht erkennen und keine Schritte unternehmen, um dies zu unterbinden. Sie müssen Ihre Zeit managen, wenn Sie Zeit finden wollen, um Ihre Batterien aufzuladen und neue Kräfte zu tanken. Denken Sie über die folgenden Zeitdiebe und Krafträuber nach.

* Unfähigkeit, Nein zu sagen
* Planlosigkeit/kein Fokus
* Keine klaren Ziele/keine Verantwortung
* Unerwartete Probleme
* Mangel an Kontrolle/Dinge von einem Haufen auf den anderen schieben
* Schlechte physische Verfassung
* Zu viele Meetings
* Überflüssige Meetings
* Desorganisation/Unordnung
* Kein Delegieren an andere
* Schlechtes Networking
* Unrealistische Erwartungen
* Perfektionismus
* Verzögerung
* Schlechte Planung
* Kein Abstecken von Grenzen
* Unterbrechungen/unplanmäßige Meetings

- Abhängigkeit von Druck
- Eigene negative Einstellung
- Andere negativ eingestellte Menschen

Unterbrechungen gehören zu den wichtigsten unerkannten Zeitdieben. Es braucht Zeit, um danach den Faden wieder zu finden. Die Zeitschrift *Time* führte in einem Artikel zum Thema Zeit die Firma Basix, Inc an, ein IT-Marktforschungsunternehmen, das in einer Studie unter Teilnahme von 1.000 Büromitarbeitern aus allen Hierarchieebenen herausfand, dass Unterbrechungen pro Tag 2,1 Stunden der Arbeitszeit kosten, das sind 28 Prozent.

Forscher von der University of California in Anaheim fanden heraus, dass Büromitarbeiter sich nur elf Minuten auf eine Aufgabe konzentrieren können, bevor sie vom Geräusch einer eingehenden E-Mail, eines Anrufs oder einer Person, die ihren Arbeitsbereich betritt, unterbrochen werden. Doch am wichtigsten ist die Entdeckung, dass sie im Schnitt 25 Minuten benötigen, um sich wieder auf die ursprüngliche Aufgabe zu konzentrieren.

Machen Sie sich nicht zum Sklaven von Menschen, die Sie durch Telefonanrufe unterbrechen. Sie haben die Wahl, ob Sie ans Telefon gehen. Sie müssen sich nicht gezwungen fühlen, den Hörer abzunehmen, sobald das Telefon klingelt. Schalten Sie die Anruferkennung ein und lassen Sie den Anruf an Ihren Anrufbeantworter weiterleiten, damit Sie zurückrufen können, wenn es *Ihnen passt*. Das Gleiche gilt für das Mitteilungssignal für Nachrichten und SMS. Stellen Sie das Signal auf stumm, damit es Sie nicht ablenkt. Im Folgenden finden Sie einige Tipps, wie Sie dafür sorgen können, dass Sie durch Anrufe möglichst wenig Zeit verlieren.

- Stehen Sie, während Sie telefonieren
- Fassen Sie sich kurz – beginnen Sie mit einer freundlichen

Begrüßung und sagen Sie Ihrem Gesprächspartner, dass Sie nur fünf Minuten haben

- Wenn Sie anrufen, geben Sie zu Anfang den Zweck Ihres Anrufs an
- Konzentrieren Sie sich auf eine Sache, die Sie gleich ansprechen werden
- Machen Sie Rückrufe am frühen Morgen oder am späten Nachmittag, um sicherzugehen, dass Sie Ihren Gesprächspartner erreichen
- Blockieren Sie Zeiten für Anrufe und Sammeljobs (arbeiten Sie artverwandte Dinge nacheinander ab – erledigen Sie Anrufe, E-Mails und Ähnliches zu einer bestimmten Zeit)

Für den Fall, dass Leute in Ihr Büro kommen, haushalten Sie mit Ihrer Zeit auf höfliche Art. Stellen Sie sicher, dass Ihr Büro für Sie bequem ist, und überlegen Sie, ob es auch für Ihre Besucher bequem sein soll oder nicht. Besucherstühle ohne Sitzkissen oder Klappstühle sorgen dafür, dass Besucher nicht lang bleiben. Benutzen Sie die nachfolgend aufgeführten Sätze und Techniken, um Gespräche abzukürzen, falls Leute in Ihr Büro kommen, wenn Sie beschäftigt sind.

- „Ich stecke gerade mitten in einem Projekt."
- „Ich habe nur fünf Minuten Zeit." (Lässt sich immer ausdehnen).
- Stehen Sie auf, wandern Sie zur Tür, danken Sie für den Besuch und verabschieden Sie die Person mit einem Handschlag.

Lernen Sie Nein zu sagen. Einflussreiche Frauen wissen, wie sie ihr Leben managen müssen, um ihre Ziele erreichen zu können. Nachfolgend einige effektive Methoden, um höflich Nein zu sagen.

- „Vielen Dank für Ihre Anfrage. Sie haben verdient, dass man sich optimal um Sie kümmert. Leider habe ich nicht die Zeit, mich in ausreichendem Maße mit Ihrem Projekt zu befassen. Ich weiß aber zu schätzen, dass Sie an mich gedacht haben."

- „Vielen Dank für Ihre Anfrage. Zurzeit habe ich so viele andere Verpflichtungen, dass es Ihnen und den anderen gegenüber unfair wäre, wenn ich zu diesem Zeitpunkt einen weiteren Auftrag annehmen würde."
- „Bevor ich diese Aufgabe von Ihnen übernehme, würde ich gern wissen, was Ihrer Einschätzung nach hier getan werden muss?"
- „Ich würde Ihnen hierbei gern helfen, verfüge aber nicht über die Ressourcen, um den Job richtig auszuführen."
- „Ich würde Ihnen bei dieser interessanten Aufgabe liebend gern helfen, wenn ich bloß die Zeit dazu hätte."
- „Genau wie bei Ihnen gibt es bei mir Zeiten, in denen ich einfach so viel auf dem Tisch habe, dass ich selbst bei den wichtigsten Leuten Nein sagen muss. Dies ist so eine Zeit."
- Und lächeln Sie, während Sie das sagen!
- „Es tut mir leid. Ich kann dieser Aufgabe gerade keine Priorität einräumen."
- „Ich kann Ihnen hierbei momentan nicht helfen, aber nächste Woche. Wäre das im Rahmen?"
- „Ich habe momentan so viel auf dem Tisch, dass ich nicht weiß, wann ich dazu komme. Aber ich wüsste jemanden, der Ihnen sofort helfen kann."
- „Bevor ich die Aufgabe für Sie erledige, würde ich Ihnen gern einige Dinge zeigen, sodass Sie sie vielleicht sogar selbst übernehmen können."
- „Wenn ich Sie am Freitag nicht nach _____ fahren kann, haben Sie dann eine andere Möglichkeit, sicher dorthin zu kommen?"
- „Ich weiß nicht, wie bald ich Ihnen bei dieser Sache helfen kann, aber ich werde auf Sie zukommen, sobald ich wieder Kapazitäten habe."

- „Ich denke, wir haben ein so gutes Verhältnis, dass Sie wissen, dass ich nicht Nein sagen würde, wenn es anders ginge."
- „Sicher, ich kann Ihnen bei Ihrer Anfrage helfen, solange Sie und ich uns einig sind, dass der Auftrag, den ich gestern von Ihnen bekommen habe, wird warten müssen."

Finden Sie in Ihrem Netzwerk Leute, die Ihnen dabei helfen können, Ihre Ziele zu erreichen, Menschen, die über die Stärken verfügen, die Ihnen fehlen. Vernetzen Sie sich, um Einfluss zu gewinnen. Richten Sie sich an Leute, die die Fähigkeiten mitbringen, die Sie benötigen. Helfen Sie zunächst anderen, das zu bekommen, was sie brauchen. Denken Sie daran: „Wer einen Freund braucht, muss selbst einer sein." Was du anderen Gutes tust, kommt irgendwann zurück. Wenn Sie anderen aus freien Stücken geben, werden diese Ihnen geben, was Sie brauchen und wollen.

Es gibt niemanden, der alles gut kann. Suchen Sie sich die Dinge aus, die Sie gut können, und verbringen Sie Ihre Zeit mit Dingen, in denen Sie glänzen und mit denen Sie Ihre Ziele erreichen können. Delegieren Sie Aufgaben, die Sie nicht gut können oder die für andere ein Kinderspiel sind. Durch Delegieren können Sie die Zeit gewinnen, die Sie brauchen, um das zu tun, was Ihnen wichtig ist. Suchen Sie sich Heinzelmännchen, die Ihnen einfache Dinge abnehmen wie Einkäufe erledigen, den Rasen mähen und das Auto volltanken.

Behandeln Sie die Menschen, die Ihnen helfen, gut und danken Sie ihnen für ihre Hilfe. Geben Sie Ziele an, Deadlines und welche Resultate Sie erwarten. Denken Sie daran, Sie werden das, was Sie wollen, eher bekommen, wenn Sie klar und deutlich sagen, was genau Sie wollen.

Was du heute kannst besorgen, das verschiebe nicht auf morgen; Verzögerungen kosten Zeit und Kraft. Schwache Menschen zögern Dinge hinaus, weil sie Angst vor Ablehnung oder dem eigenen

Versagen haben oder Angst davor, dass sie mehr Probleme schaffen als lösen, oder weil sie einen Widerwillen gegen etwas haben.

Einflussreiche Frauen haben ein Rückgrat, und wie der Nike-Slogan so schön sagt: „Just do it" (sie tun es einfach).

Frauen, die bekommen, was sie wollen, brauchen und verdienen, sind organisiert. Sie verbringen keine Zeit damit, nach Dingen zu suchen, und ihnen gehen auch nicht die Vorräte aus. Wenn Sie sich den Arbeitsplatz einer einflussreichen Frau ansehen, werden Sie wahrscheinlich feststellen, dass sie ein gutes Ablagesystem hat.

Halten Sie Ihren Arbeitsplatz sauber und ordentlich. Der Spruch „Aus den Augen, aus dem Sinn" stimmt zwar, aber sein Gegenteil auch! „In den Augen, im Sinn" lenkt uns ab und lenkt unsere Aufmerksamkeit auf „schnelle" und „lustige" Dinge, während die wichtigen Aufgaben liegen bleiben. Halten Sie Ihren Schreibtisch ordentlich und Ihren Arbeitsplatz sauber, das macht es Ihnen leichter, sich zu konzentrieren. Ihre Angewohnheiten werden die Menschen um Sie herum inspirieren. Je mehr Verantwortung Sie anderen geben, desto mehr Einfluss werden Sie selbst haben!

Mit einer positiven Einstellung vergrößert sich Ihre Fähigkeit, die Ergebnisse zu erzielen, die Sie sich wünschen. „Der Fisch stinkt vom Kopf her." Wenn Sie eine negative Einstellung ausstrahlen, wenn Sie zum Beispiel verärgert, frustriert, besorgt oder überfordert sind, werden Sie entsprechende Schwingungen aussenden, die die anderen um Sie herum negativ beeinflussen. Wenn diejenigen, die Sie in Ihrem Karrierestreben unterstützen, keine positive Einstellung haben, werden sie für Ihren Fortschritt und Ihren Einfluss hinderlich sein. Menschen, die Ihre Ziele nicht unterstützen, die nicht an Sie glauben, die Ihre Träume und Ziele belächeln und Gründe anführen, warum Sie keinen Erfolg haben werden, behindern Ihre Entwicklung. Halten Sie sich fern von den negativen Gedanken anderer, wenn Sie bekommen wollen, was Sie wollen, brauchen und verdienen. Nehmen Sie mit IHREN Gedanken und IHREN Handlungen IHR Schicksal in die Hand.

Auf meinem Schreibtisch befindet sich als Mahnung daran, das zu tun, was getan werden muss, wenn es getan werden muss, ein Zitat von Thomas Henry Huxley (1825-95), britischer Biologe und Schriftsteller: „Das vielleicht wichtigste Ergebnis aller Erziehung ist die Fähigkeit, sich selbst dazu zu bringen, das zu tun, was getan werden muss, wenn es getan werden muss, ob einem das nun gefällt oder nicht; dies ist die erste Lektion, die man lernen sollte; und egal, wie früh der Mensch mit dem Lernen beginnt, so ist dies wahrscheinlich auch die letzte Lektion, die er gründlich lernt."

Ein Rat aus einem Sanskrit-Text ist heute noch genauso wertvoll wie vor Jahrhunderten: „Wenn du eine Entscheidung treffen musst, triff sie so weise wie möglich und dann vergiss sie wieder, denn der Augenblick der absoluten Wahrheit wird vielleicht niemals eintreten."

Denken Sie an diese weisen Worte in jeder Lebenssituation. Vergeuden Sie erst gar keine Zeit damit, im Restaurant lange zu überlegen, was Sie bestellen sollen, wo Sie doch die Gesellschaft Ihrer Essensbegleiter genießen könnten. Wenn Sie nicht wissen, was Sie bestellen sollen, bitten Sie den Kellner um eine Empfehlung oder engen Sie Ihre Wahl ein und lassen Sie dann den Kellner entscheiden. Ihr Ziel ist ein gutes Essen, das Ihnen schmeckt. Bei den meisten Alltagsentscheidungen geht es nicht um Leben und Tod. Wenn Sie zu viel Zeit für unwichtige Entscheidungen benötigen, raubt Ihnen das wertvolle Zeit, die Sie für das verwenden können, was Sie wertschätzen. Erledigen Sie die schwierigsten, wichtigsten und am meisten gefürchteten Aufgaben zuerst, damit Sie sich auf das konzentrieren können, was Sie tun möchten.

Managen Sie Ihre Zeit und finden Sie eine Balance in Ihrem Leben, indem Sie die 80-20-Regel des Zeitmanagements anwenden, auch bekannt als das Pareto-Prinzip. Das Pareto-Prinzip ist das Ergebnis einer Untersuchung des italienischen Ökonomen Vilfredo Pareto aus dem Jahr 1897. Pareto beobachtete, dass sich mit einem Einsatz von 20 Prozent 80 Prozent der Ergebnisse erzielen lassen. Einfach ausgedrückt besagt die 80-20-Regel, dass die Beziehung zwischen Einsatz und Erlös selten, wenn überhaupt jemals, ausgeglichen ist. Auf die Arbeit bezogen bedeutet dies, dass zirka 20 Prozent Ihrer Anstrengungen zu 80 Prozent Ihrer Ergebnisse führen. Diese 20 Prozent zu erkennen und sich dann auf sie zu konzentrieren, ist der Schlüssel, wie Sie Ihre Zeit am effektivsten nutzen können. Hier kommen zwei schnell umsetzbare Tipps, wie Sie ein effektives 80-20-Denken entwickeln können.

Sehen Sie sich die Menschen um Sie herum genau an. Zwanzig Prozent der Menschen in Ihrem Leben geben Ihnen wahrscheinlich 80 Prozent der Unterstützung und Zufriedenheit, die Sie brauchen. Sie sind Ihre wahren Fürsprecher. Geben Sie gut acht auf sie. Wahrscheinlich können Sie mehrere Freunde und Familienmitglieder nennen, die unter allen Umständen für Sie da wären. Schieben Sie sie nicht aufs Abstellgleis.

Sehen Sie sich Ihre Arbeit an. Fragen Sie sich: „Was will ich mit meinem Leben und meiner Zeit wirklich anfangen? Auf welche 20 Prozent meiner Arbeit soll ich mich konzentrieren?"

Selbst wenn Sie skeptisch sind, sollten Sie einige Tage lang dem 80-20-Prinzip folgen, nur um zu sehen, was passiert. Sie können damit anfangen, indem Sie sofort die folgenden 20-Prozent-Vorschläge beherzigen.

Lesen Sie weniger. Suchen Sie sich aus dem, was Sie lesen müssen, die für Sie wichtigsten 20 Prozent heraus und schmeißen Sie den Rest in den Papierkorb.

Halten Sie sich auf dem Laufenden. Machen Sie sich mit technischen Innovationen vertraut, und benutzen Sie davon diejenigen, mit denen Sie am meisten Zeit sparen.

177

Erinnern Sie sich an das Wesentliche. Während Ihr Einfluss wächst und Sie die Karriereleiter erklimmen, erinnern Sie sich an Ihre ethischen Grundsätze und Werte. Lassen Sie sich bei der Entscheidungsfindung von ihnen leiten und Sie werden sich am Ende unweigerlich auf die richtigen 20 Prozent konzentrieren.

Walt Disney sagte: „Wenn du es dir vorstellen kannst, kannst du es auch machen." Disney World wurde innerhalb von 366 Tagen hochgezogen – vom ersten Spatenstich bis zur ersten verkauften Eintrittskarte! Nur fünf Prozent der Menschen stecken sich Ziele, auch wenn Franklin Covey sagt, dass bei Menschen, die sich Ziele stecken und diese aufschreiben, die Chancen, dass sie diese erreichen, 95 Prozent höher sind als bei Menschen, die das nicht tun. Schreiben Sie Ihr Ziel auf. Schreiben Sie die Schritte zum Erreichen Ihres Ziels auf und machen Sie sich einen Zeitplan, bis wann Sie am Ziel sein wollen. Eine blasse Schrift ist effektiver als das kühnste Vorhaben im Geiste. Schreiben Sie Ihr Ziel auf.

Legen Sie einen bestimmten Termin fest, bis zu dem Sie Ihr Ziel erreichen wollen. Nach Cyril Northcote Parkinson benannt ist das sogenannte Parkinsonsche Gesetz, welches lautet: „Arbeit dehnt sich in genau dem Maß aus, wie Zeit für ihre Erledigung zur Verfügung steht." Deadlines sind wichtig. NOW (jetzt) rückwärts buchstabiert ist WON (gewonnen).

Sie können einen Plan ändern, aber nur, wenn Sie einen haben! Wahrscheinlich haben Sie einen Spruch wie diesen schon mal gehört: „Wer beim Planen versagt, plant sein Versagen". Wenn Sie bekommen wollen, was Sie wollen, brauchen und verdienen, müssen Sie planen, damit Sie es bekommen.

Planen Sie auch Zeit für sich ein. Sie finden keine Zeit für wichtige Dinge – Sie nehmen sie sich. Außer in Bereichen wie in der Neurochirurgie müssen die meisten Dinge nicht perfekt sein, also geben Sie sich die Erlaubnis zu entspannen. Bei den meisten Dingen ist ausreichend gut genug. Mal im Ernst: Sie müssen nicht Ihre Laken bügeln, um gut zu schlafen. Sie müssen sich nicht in der Küche abschuften und das beste Porzellan auf den Tisch stellen, um Ihre Freunde gut zu bewirten. Es ist in Ordnung, wenn Sie etwas beim Lieferservice bestellen und nicht alles im Haus picobello ist. Wer bei Dingen perfektionistisch ist, die nicht notwendig sind, vergeudet wichtige Zeit. Die Leute werden es zu schätzen wissen, dass Sie sie würdigen, und werden für Ihre Gastfreundschaft dankbar sein. Trifft das nicht zu, sind sie Ihre Zeit nicht wert.

Respektieren Sie die Zeit der anderen genauso wie Ihre eigene Zeit. Seien Sie pünktlich. Wenn Sie sagen, dass Sie etwas tun werden, tun Sie es auch. Wenn Sie das nicht tun, werden Sie wahrscheinlich nie bekommen, was Sie wollen, brauchen und verdienen. Die Menschen erkennen Sie an den Taten, die Ihren Worten folgen. Lassen Sie Ihren Worten keine Taten folgen, werden die Leute nicht ihre Zeit investieren wollen, um Ihnen dabei zu helfen, das zu bekommen, was Sie wollen und brauchen, weil sie das Gefühl haben, dass es sich nicht lohnt, Zeit und Mühe in Sie zu investieren.

Jetzt, wo Sie wissen, wie Sie Zeit erübrigen können, nehmen Sie sich die Zeit, um Energie zu tanken. Fünfundsiebzig Prozent aller Arztbesuche haben mit stressbedingten Krankheiten zu tun wie Kopfschmerzen, Magenschmerzen, Schlaflosigkeit und Erschöpfung. Auf sich achtzugeben ist nicht egoistisch. Wenn Sie nicht auf sich achtgeben, werden Sie sich auch nicht um Ihre Karriere kümmern können und um die Menschen, die Ihnen am Herzen liegen. Ernähren Sie sich gesund, treiben Sie Sport und sorgen Sie für ausreichend Pausen und Schlaf. Das ist wichtig für Ihre Kräfte. Halten Sie sich jeden Tag daran und haben Sie deshalb kein schlechtes Gewissen. Es ist nicht Ihre Aufgabe, die Probleme der Welt zu lösen. Machen Sie sich nicht vor, dass es doch Ihre Aufgabe wäre, und lassen Sie es auch nicht zu, dass andere Ihnen das vormachen.

Räumen Sie Zeit für Dinge ein, an die Sie sich erinnern werden, wenn Sie eine alte Löwin sind. Ist es für Ihren Lebensplan wichtiger, dass Sie ein dringendes Projekt heute noch fertigstellen, als sich Zeit dafür zu nehmen, mit einem geliebten Menschen im Park spazieren zu gehen, eine Freundin zu besuchen oder den Sonnenuntergang zu genießen? Denken Sie darüber nach, welches Erbe Sie hinterlassen wollen. Ist es Geld oder etwas Wertvolleres?

Sie sind verantwortlich für Ihr Leben und Ihr Glück. Denken Sie an die guten Dinge im Leben, auch dann, wenn traurige und nervige Dinge eintreten, was sich nicht vermeiden lässt. Lachen Sie oft und lachen Sie über sich selbst. Übernehmen Sie Kontrolle über Ihre Einstellung, sobald Sie wach sind.

Das Wohlgefühl wird nicht den ganzen Tag überdauern, wenn Sie nur an sich selbst und Ihr eigenes Glück denken. Ich habe viel über das Glück gelernt, indem ich meine Mutter beobachtet habe, die weiseste, zufriedenste Löwin, die mir je begegnet ist. Sie brüllte viel. Die meiste Zeit über brüllte sie für Menschen, die nicht für sich selbst brüllen konnten. Sie fuhr in den 1960er-Jahren zur North Carolina General Assembly, um für die Rechte der Frauen zu brüllen. Sie war die erste Direktorin der psychiatrischen Klinik in ihrer Heimatstadt, wo sie für Menschen mit geistiger Behinderung brüllte. Als sie älter wurde, wurde sie sich der Bedürfnisse alter Menschen bewusst und brüllte als Leiterin der ersten Einrichtung eines Seniorenzentrums in meiner Heimatstadt. Damit fand sie damals mit ihrem Seniorenprogramm nationale Anerkennung, da es ihr gelang, mehr Menschen mit weniger Geld gutes Essen anzubieten, als das anderswo in den USA der Fall war. Sie dachte immer an andere Menschen und kümmerte sich um andere, ohne eine Gegenleistung zu erwarten. Sie war glücklich.

Wenn Sie einen Moment innehalten und über Ihre glücklichste Zeit nachdenken, werden Ihnen wahrscheinlich die gleichen zwei Dinge bewusst, die ich an meiner Mutter beobachtete, wenn sie am glücklichsten und motiviertesten schien. Zum einen dachten Sie dabei nicht an sich selbst. Zum anderen gaben Sie jemandem etwas oder teilten etwas mit jemandem. Wenn Sie glücklich sein wollen, vergessen Sie sich selbst, geben Sie und teilen Sie.

Meine Töchter waren im ersten und dritten Schuljahr, als meine Mutter und ich mit ihnen nach Frankreich reisten. Wir besichtigten Schlösser, Kirchen und berühmte Wahrzeichen, einschließlich der Küste der Normandie, wo reihenweise weiße Kreuze für die Gräber tausender Menschen stehen, die im Leben für das brüllten, woran sie glaubten.

An unserem letzten Abend in Frankreich hatte meine Mutter sich in den Kopf gesetzt, mit uns in die Folies Bergère nach Paris zu gehen. Als sie erfuhr, dass sie geschlossen hatten, beschloss sie, mit uns ins Moulin Rouge zu gehen. Ich war dagegen und sagte, dass die Mädchen zu jung wären, doch meine Mutter gab nicht nach und sagte, dass es ein Teil von Paris wäre und die Mädchen es gesehen haben sollten. Ich stimmte zögerlich zu.

Wir hatten einen Tisch in der vorderen Reihe, auf dem ein Kühler mit einer Flasche Champagner stand. Ich stoppte den Kellner, als er anfing, meinen Töchtern Champagner ins Glas zu schenken, doch meine Mutter sagte: „Lass sie ruhig einen Schluck trinken. Eines Tages werden sie erzählen, dass sie ihren ersten Schluck Champagner zusammen mit ihrer Großmutter in Paris tranken."

Als die Gläser eingeschenkt waren, erhob meine Mutter ihr Glas, stieß auf uns und das Leben an und auf unsere Freiheit, es in vollen Zügen genießen zu können.

Zwanzig Jahre später antwortete meine Tochter Win in einem Interview auf die Frage, mit welchem verstorbenen Menschen sie sich gern noch einmal unterhalten würde, wenn sie die Zeit zurückdrehen könnte: „Big Joan, meine Großmutter." Als sie gefragt wurde, warum gerade ihre Großmutter, sagte sie: „Weil sie ein unterhaltsamer Mensch war, man mit ihr über alles reden konnte, sie auf alles neugierig war und sie sich um mich und andere kümmerte. Sie wusste immer, was zu tun war, wie es zu tun war, und sie hatte Spaß dabei." Ich habe an anderer Stelle erwähnt, dass meine Mutter nur zwei Motive in ihrem Leben stickte. Das eine war ein eingerahmter grinsender Frosch und das andere war ein fröhlicher Affe, der sich im Dschungel von Ast zu Ast schwang. Das Stickmotiv mit dem fröhlichen Affen nähte sie auf ein Kissen, das sie auf einen Hartholzstuhl legte. Ich bin sicher, das war ihre Art, diejenigen, die ihren fröhlichen Affen auf dem zum Ausruhen gedachten Stuhl sahen, daran zu erinnern, dass sie, wie der Affe, eine Pause machen und den Dschungel nicht so ernst nehmen sollten, dass ihnen entgeht, wie viel Spaß es macht, ihn zu durchqueren.

Als Frau müssen Sie sich der Tatsache sicher sein, dass das produktive Leben, das Sie wollen, auf mehr beruht als auf harter, ehrlicher Arbeit und Können. Es ist das Ergebnis eines ausgewogenen Lebens. Um ein Gleichgewicht herzustellen, müssen Sie sich Zeit zum Entspannen nehmen und auch Zeit, um sich mit den übrigen Vertretern der Schöpfung genussvoll durch das Leben zu schwingen. Es ist nicht nur wichtig, sondern auch IN ORDNUNG, wenn Sie am Tag fünf Minuten innehalten und damit aufhören, sich um Dinge zu kümmern, aufhören, klug zu sein, wichtig, effizient, einfallsreich, die perfekte Karrierefrau, Freundin, Ehefrau und Mutter. Ist es schon lange her, dass Sie innegehalten und etwas zu Ihrem Vergnügen getan haben? – Dann *riskieren Sie es*. Halten Sie sich am Seil fest, öffnen Sie Ihre Augen, öffnen Sie Ihre Lippen, zeigen Sie Ihr Zahnfleisch, werfen Sie Ihren Kopf zurück und genießen Sie das Leben, einfach aus purer Freude am Geschenk des Lebens!

Als ich meine erste Tochter Win bekam, war ich überwältigt von Gefühlen und mir wurde plötzlich klar, wie viel Zeit meine Mutter damit zugebracht hatte, mir Möglichkeiten zu geben etwas zu lernen und mir mit gutem Beispiel voranzugehen. Meine Augen füllten sich mit Tränen, als ich meine gerade geborene Tochter in den Armen hielt. Ich sah meine Mutter an und sagte: „Mom, ich kann dir gar nicht genug für all das danken, was du für mich getan hast, und für all die Zeit, die du mir geschenkt hast."

Sie lächelte, wobei sich ihre Nase kräuselte, und sagte: „Eine Tochter zu haben ist ein großes Geschenk. Dir Dinge zu geben und für dich Dinge zu tun, hat mir Freude bereitet. Lebe, lerne, lache und gib deine Erfahrungen weiter."

Als ich meine zweite Tochter Allison bekam, zwinkerte meine Mutter und ihre Nase kräuselte sich wieder. Dieses Mal sagte sie: „Das Einzige, was noch wunderbarer ist als eine Tochter, sind zwei Töchter!"

Vielen Dank, dass Sie sich die Zeit genommen haben, dieses Buch zu lesen, und mir die Möglichkeit gegeben haben, meine Erfahrungen an Sie weiterzugeben. Leben Sie, lernen Sie, lachen Sie und geben Sie Ihre Erfahrungen weiter, und BRÜLLEN Sie, um zu bekommen, was Sie wollen, brauchen und verdienen!

DANKSAGUNG

Im Märchen ist es der Traumprinz, der Aschenputtel Sicherheit bietet. Als ich ein Kind war, waren es meine Eltern, Joan Williams und Henry Wesley Hight, Senior, die mir Sicherheit gaben. Ich beziehe mich in diesem Buch häufig auf meine Mutter, weil es für Frauen gemacht ist und von ihnen handelt. Doch viele der Lektionen, die ich in diesem Buch an meine Leserinnen weitergebe, gaben mir meine Eltern mit auf den Weg beziehungsweise sie entstanden durch die Möglichkeiten, die sie mir eröffneten. Ich bin meinen hingebungsvollen Eltern ewig dankbar, weil sie mir vorgelebt haben, was Integrität heißt, und mir beigebracht haben, wie wichtig es ist, sich für das Richtige einzusetzen, selbst wenn es bedeutet, dass frau auf sich allein gestellt ist.

Das Buch schließt mit einem Zitat meiner Mutter über das Geschenk, Töchter zu haben, aber ich bin sicher, dass sie ihren Sohn als genauso großes Geschenk empfand. Ich danke meinem Bruder Chip nicht nur dafür, dass er ein unglaublicher Bruder ist, sondern auch, weil er ein leuchtendes Beispiel für einen integren Menschen ist. Ich danke den männlichen Vorbildern an Integrität – besonders meinem Vater und meinem Bruder, die Frauen schätzen und respektieren.

Ein besonderer Dank geht an Belinda Landis, die dieses Buch redigiert hat, an Steve Bentson, Katherine Christophe, Judy und RV Fulk, Patricia Koonce, Barbara Hight sowie an Linda und Warren McMurry.

ÜBER DIE AUTORIN

Jane Hight McMurry ist Geschäftsführerin der Firma Effective Business Communication, beliebte Vortragsrednerin, Autorin zahlreicher Bücher und Dozentin an der University of North Carolina in Chapel Hill und in Wilmington. Ihr Interesse an einer ergebnisorientierten Kommunikation setzte ein, als sie in England an der Oxford University studierte. Aufgrund ihres Wissens und ihres Verständnisses für die Unterschiede in der Kommunikation im Allgemeinen und im Englischen im Besonderen erhielt sie den Auftrag, das erste Englisch-als-Zweitsprache-Programm im Research Triangle Park in North Carolina ins Leben zu rufen. McMurry ist eine international renommierte Kommunikationsexpertin, die in den Medien gern zitiert wird. Ihre Socially Smart® Tipps begeisterten schon Chinas Offizielle bei Olympia 2008 – und tun es weiterhin in ihren Coachings von Einzelpersonen und Gruppen in der ganzen Welt.

224 Seiten,
broschiert,
19,90 [D] / 20,50 [A]
ISBN: 978-3-941493-68-1

Kelly Cutrone
Wenn Du heulen willst, geh raus!

Sie promotete bereits Vivienne Westwood, Valentino und Bulgari und zieht von New York City aus die Fäden im Mode- und Show-business. Dieses Parkett ist knallhart – knallhart wie auch Kelly Cutrone und ihr Buch. Es ist ein Erfolgs-Leitfaden von einer „Leitwölfin im Marketingbusiness" für Frauen, die es in die erste Reihe schaffen wollen. Empfohlen von Managementbuch.de

KELLY CUTRONE
und Meredith Bryan

NORMAL
SIND NUR
LOSER

Überraschende
Ansichten und Einsichten
der New Yorker PR-Ikone

BOOKS4SUCCESS

240 Seiten,
broschiert,
19,90 [D] / 20,50 [A]
ISBN: 978-3-942888-85-1

Kelly Cutrone
Normal sind nur Loser

PR-Ikone Kelly Cutrone besticht in ihrem neuen Buch durch
Tiefgang und Weitsicht. Freundschaft, Familie und der Umgang
mit dem Tod – Kelly beleuchtet all das auf ihre unnachahmlich
direkte, unkonventionelle Art. Und überrascht mit Ansichten und
Einsichten, die man von dieser erfolgsverwöhnten und toughen
Mode-Agentin aus New York City so nicht erwartet hätte.

224 Seiten,
broschiert,
19,90 [D] / 20,50 [A]
ISBN: 978-3-942888-80-6

Shirley MacLaine
Damit bin ich durch

Shirley MacLaine hat sie alle gekannt und einige davon geliebt: Alfred Hitchcock, Frank Sinatra, die beiden Jacks (Lemmon und Nicholson) und viele weitere. Diese Frau verrät pikante Details aus ihren 60 Jahren im Mittelpunkt von Showbusiness und Society – als Schauspielerin, Tänzerin, Schriftstellerin und Sexgöttin. Und ist damit noch lange nicht durch ...

208 Seiten,
broschiert,
19,90 [D] / 20,50 [A]
ISBN: 978-3-942888-44-8

Carolin Lüdemann
Die Kunst, zu wirken

Ob Vortrag, Rede, Grußwort oder Präsentation – diese Art von „öffentlichen" Auftritten lässt viele Menschen in Schweiß ausbrechen. Das muss nicht sein. Expertin Carolin Lüdemann zeigt, wie man bei solchen Gelegenheiten eine gute Figur macht. Vom „Handwerk" einer guten Präsentation bis zur inneren Vorbereitung – hier finden Leser die gesamte Bandbreite.